媒体监督下的
在职消费研究

耿云江　著

人民出版社

目 录

序　言

　　本人对在职消费问题的关注始于 2011 年的中国石油化工股份有限公司(以下简称中石化)"天价酒"事件。该事件一经天涯论坛爆出,各大媒体便纷纷报道,社会公众及相关部门也高度关注。这一事件直接引发了中石化系统的自查自纠、相关责任人被停职,之后更是爆出了中石化的天价名片、天价灯等丑闻,中石化的社会形象和声誉因此受损。到了 2012 年,监察部、财政部、审计署等部委先后出台并实施了《国有企业负责人职务消费行为监督管理暂行办法》《中央金融企业负责人职务消费管理暂行办法》等,国家对在职消费问题的高度关注和治理的决心可见一斑。这也促使本人从学术研究角度关注并思考在职消费问题。

　　在此过程中,2013 年 1 月爆出的"格力集团红酒事件"则为本人研究在职消费问题提供了一个独特的视角。这一事件经媒体曝光后就在网络上迅速扩散,不仅引发了社会各界的广泛热议,更引发了珠海市纪律检查委员会(以下简称珠海市纪委)、珠海市监察委员会(以下简称珠海市监察委)和珠海市人民政府国有资产监督管理委员会(以下简称珠海市国资委)等有关部门的介入调查,事件当事人周少强也因此被免去了珠海市金融投资控股有限公司总经理、格力集团党委书记、总裁、董事等职务,并被给予党内警告处分。媒体监督的强大力量在这一事件中得到了前所未有的展示,也推动并促使本人在众多的前人成果基础上,跨出传统公司内部治理的研究范畴,跨学科引入公司外部治理机制——媒体监督,并将其作为切入点研究在职消费的相关问题。

在职消费既然是一种客观存在,就有其存在的必要性和合理性,党和政府以及社会公众深恶痛绝、坚决予以打击和消除的应该是其中不合理、过度消费的那一部分。因此,研究在职消费问题的首要内容就是科学地区分与计量在职消费的合理成分与过度水平。在职消费的计量研究是本书研究的基础与前提。在此基础上,本书以媒体监督为切入点,研究了媒体监督对在职消费的影响及其实现机制、在职消费的经济后果及媒体监督对此后果的影响等问题。

本书有助于提高在职消费计量的准确性,加强在职消费研究的针对性;有助于拓宽在职消费的研究视角,为规范和治理在职消费行为提供新的思路;有助于丰富和完善在职消费研究的理论体系,深化在职消费研究;也有助于推进企业,尤其是国有企业的反腐倡廉工作,在提高公司绩效的同时,推动实现社会的公平与和谐稳定,为我国的经济社会发展创造良好的环境。

与以往的研究相比,本研究的主要特色与创新之处在于:测度和区分了在职消费的合理成分与过度水平,实现了对在职消费具体构成的认识深化与细分;将"媒体监督"引入在职消费研究,拓宽了在职消费的研究视角;考察了在职消费在媒体监督下对企业绩效、货币薪酬业绩敏感性的影响,丰富了在职消费的经济后果研究。

本书可供会计学、财务管理、公司治理、新闻传播学等专业的硕博士研究生、学术研究爱好者参考使用,也可供对在职消费、媒体监督感兴趣的实务界人士自主阅读。

本书由耿云江副教授撰写。此外,本人指导的硕士研究生田旗、车晓丽、程倩茹、宁艳辉、张春苗、凡现云、王明晓、王海雯、张诗晨、赵晓晓、吴娇等也参与了本书研究资料与数据的收集与整理工作,为本书的顺利完成做出了贡献。

本书是在本人主持完成的国家社会科学基金青年项目"网络环境下媒

体监督对在职消费的影响及经济后果研究"（项目批准号：13CGL060）的基础上撰写而成的。在此特别感谢国家社会科学基金对此项目的资助与支持。

　　本书在撰写过程中参考了国内外许多学者的最新研究成果与资料，本书的出版也得到了人民出版社，尤其是曹春编辑的大力支持和帮助，在此一并表示感谢。

　　由于研究水平有限，书中难免有疏漏和不足之处，恳请广大读者提出宝贵意见。

第 一 章

绪　　论

近年来,在职消费问题成为社会公众高度关注的热点话题。如何准确地计量在职消费、合理区分其合理成分与过度水平,如何有效地规范和治理过度在职消费行为也成为各级政府和社会各界共同关注并期待解决的问题。在此过程中,媒体作为法律外制度的监督治理作用日益显现,并为规范和治理在职消费问题提供了新的思路。网络技术的飞速发展更进一步提升和扩大了媒体对在职消费监督与治理作用的范围与力度。因此,有必要从媒体监督角度对在职消费的计量、媒体监督对在职消费的影响及其实现路径、媒体监督对在职消费经济后果的影响等问题进行研究。

一、本书的研究背景

(一) 在职消费问题备受关注

目前,在我国的上市公司中,管理层的薪酬激励形式主要有三种:货币薪酬、管理层持股和在职消费。在这三种激励薪酬中,货币薪酬被我国上市公司最为广泛地应用,用以解决困扰公司的所有权与经营权两权分离后所带来的委托代理问题。同时,管理层持股也被越来越多的上市公司使用,用以在较长的时期内激励公司的高层管理人员与核心技术骨干等。然而,一个为大家所公认的事实就是,两权分离带来的道德风险、逆向选择等代理问题,并不能单纯地通过或依赖公司与其高管签订的股权激励契约、货币薪酬契约等彻底解决,尤其是对管理层这一比投资者更具有信息优势、拥有较大范围内公司决策权的特殊群体而言。正如权小锋等(2010)所指出的,由于当前我国许多上市公司的高管能够在较大程度上使用自身的职权来对自己的货币薪酬施加影响,甚至直接决定自身货币薪酬水平的高低,再加上我国大多数上市公司的高管薪酬并不是完全根据公司绩效水平的高低来支付,即存在"薪酬乱象",公司高管为进行自我激励,可以通过使用自身所拥有的各项职权,让公司为其个人消费买单,而这些消费在名义上往往是"在职消费"。①

到目前为止,无论是国内还是国外,都没有一个统一、权威的关于在职消费的定义。最早提出在职消费含义的是詹森、梅克林(Jensen and Meckling,1976)。两位学者提出,所谓在职消费,就是公司管理层对非货币性收益的消费,比如过度奢华的办公室、乘坐私人飞机等。② 我国学者卢锐等(2008)结合中国的实际提出,所谓在职消费,是指公司管理层,包括国有企业以及非国有企业的管理层,在获取日常经营管理活动中应当获取的工资货币薪酬之外,又额外取得的收益以及与之相关的其他消费;在职消费行为的发生是通过管理层职权的行使或职责的履行而实现的。③ 为健全国务院国有资产监督管理委员会(以下简称国务院国资委)所监管企业负责人的职务消费,国务院国资委于2006年6月8日下发了《关于规范中央公司负责人职务消费的指导意见》。根据此意见,职务消费是指企业负责人履行工作职责所发生的消费性支出及享有的待遇,主要包括公务用车配备及

---

① 权小锋等:《管理层权力、私有收益与薪酬操作》,《经济研究》2010年第11期。

② 参见 M.C.Jensen, and W.H.Meckling, "Theory of the Firm, Managerial Behavior, Agency Costs and Ownership Structure", *Journal of Financial Economics*, Vol.3, No.4 (1976), pp.305-360。

③ 参见卢锐等:《管理层权力、在职消费与产权效率——来自中国上市公司的证据》,《南开管理评论》2008年第5期。

使用、通信、业务招待(含礼品)、差旅、国(境)外考察培训等与公司负责人履行其职责相关的消费项目。综合上述几种有关在职消费含义的界定可以看出,概括而言,在职消费的发生与存在是企业开展正常的经营管理活动所需要的,具有一定的合理性,它有助于提高公司管理层的工作效率,帮助企业巩固市场地位、取得竞争优势等。不仅如此,在所有者与管理层还没有签订合理的、达成共识的货币薪酬契约时,在职消费会成为公司管理层实现自我激励的一个较为理想的次优选择。尽管如此,在职消费在某种程度上也是公司薪酬激励契约不完备所引发的问题,因为在职消费水平的高低并不完全取决于公司高管的努力程度。在本研究中,通过总结归纳国内外现有关于在职消费定义的阐述,并结合当前我国企业管理层的在职消费行为普遍存在消费过度过滥的现象并急需加以解决的实际状况,本研究对在职消费进行狭义的理解,即认为在职消费是公司高管在履行工作职责过程中发生的、为实现自身的个人利益最大化而享受到的各类隐性薪酬,如特殊权力、额外的津贴、补贴、福利等。如非特别说明,本研究所指的在职消费都是狭义在职消费的概念。

我国公司高管的在职消费状况与西方企业差别较大。陈冬华等(2005)曾指出,在我国,公司管理层的在职消费在其全部薪酬中占据了相当大的比重,有些公司管理层的在职消费甚至远远大于货币薪酬,其中又以国有上市公司的管理层为甚。[①] 不仅如此,李旭红(2003)曾发现并认为,一些企业经营者在职消费随意性强,存在过多过滥的问题,甚至完全处于失控的状态。[②] 古尔等(Gul et al.,2011)在对我国1227家上市公司2001年至2005年5年间的在职消费水平进行计算后发现,平均一家公司的在职消费水平是731633美元,相当于年均销售收入的0.63%。[③] 这一超过合理水平

---

① 陈冬华等:《国有企业中的薪酬管制与在职消费》,《经济研究》2005年第2期。
② 参见李旭红:《国企老总要拿年薪了》,《市场报》2003年9月12日。
③ F. A. Gul et al., "Perks and the Informativeness of Stock Prices in Chinese Market", *Journal of Corporate Finance*, Vol.17, No.5 (December 2011), pp.1410-1429.

的管理层自我激励增加了公司不必要的代理成本,导致公司绩效下滑,同时,也侵占并伤害了公司股东及整个企业的利益,为公司未来发展埋下毒瘤,还会严重危害社会风气、扰乱市场秩序、影响社会的和谐稳定。因此,将关注和研究的目光聚焦于上市公司管理层的在职消费问题非常有必要。

与公司管理层相比,企业监管部门、投资者、债权人等都居于信息劣势的地位,很难用较低的成本获取有关公司高级管理人员的全部信息。同时,尚不成熟和不完善的股权激励制度、过于宽松的外部市场监管,以及社会上充斥着的躁动、混乱的商业价值观等,都是当前我国的公司治理机制存在的漏洞,也是经济市场中存在的制度缺陷。这些漏洞与缺陷的存在也为在职消费提供了产生与存在的便利条件。因此,加强对在职消费的有效监督与治理有助于完善我国的公司治理制度,有助于加强对投资者的保护,也有助于提升公司的财务与非财务绩效,帮助企业实现全面、健康、可持续发展。

此外,在职消费问题也事关我国企业尤其是国有企业的党风廉政建设。加强对在职消费的规范和治理有助于惩治各种腐败行为和不正之风,维护社会的公平正义,增强党的凝聚力和战斗力,进而营造政通人和、风清气正、和谐相生的良好氛围,为我国经济社会发展提供有力的环境支持。

(二) 媒体的监督治理作用日益显现

在职消费具有隐蔽性极强的特点①,一般难以被发现。再加上上市公司在披露相关信息时往往具有自愿性,从而使得管理层的在职消费行为受到极为有利的保护。实践中,无论是管理层宴请客户,还是进行休闲娱乐,或是支付通信费、交通费、差旅住宿费,也不管是价值几万、几十万元的奢侈品,还是小到不足几块钱的公交车费,全部都被归类计算到了在职消费项下。这在很多企业中都是常见的现象,也正因为如此,在职消费被很多人比喻成了企业

---

① 参见万华林:《国外在职消费研究述评》,《外国经济与管理》2007年第9期。

费用支出中的"无底洞"。为规范在职消费,我国政府先后制定并颁布实施了多项政策,加强对企业高管在职消费行为的规范和治理。其中,《关于规范中央企业负责人职务消费的指导意见》(国务院国资委 2006 年印发)、《国有企业领导人员廉洁从业若干规定》(中共中央办公厅、国务院办公厅 2009 年印发),要求所有国有企业公开其管理层的职务消费状况;财政部、监察部、审计署、国务院国资委紧锣密鼓出台、印发并实施了《国有企业负责人职务消费行为监督管理暂行办法》(2012 年 2 月);财政部、监察部、审计署印发了《中央金融企业负责人职务消费管理暂行办法》(2012 年 10 月);《党政机关厉行节约反对浪费条例》(财政部 2013 年 11 月颁布)中明确规定,取消政府机关的公务用车;在中共中央政治局 2014 年 8 月通过的《中央管理企业负责人薪酬制度改革方案》《关于合理确定并严格规范中央企业负责人履职待遇、业务支出意见》中,对中央企业高管的相关培训、公务车使用、经营中的业务招待、办公房屋、日常通信、因公临时出国(境)、国内公务差旅等设置了最高金额限制,并明确提出了多项禁止性规定,包括禁止公款用于个人支出。

尽管如此,李培功、沈艺峰(2010)认为,在转型经济的国家中,由于受执法效率低下、信息披露制度不充分等因素的影响,法律制度的完善不可能一蹴而就。同时,由于新兴转型经济下的不发达国家与发达国家在语言、宗教、文化等方面存在显著差异,发达国家经过长期发展而形成的成熟的投资者法律保护制度也不可能被完整地移植到新兴转型经济国家。① 因此,为管理层在职消费提供的另一个便利条件就是,由这些国家存在的法律制度的缺陷所引发的低效的公司治理机制。当前,由于缺少完善的外部法律监督与管理,学术界和实务界诉求的焦点便是寻找一个替代的治理机制。正如郑志刚(2007),希拉里、许(Hilary and Hui,2009)等所指出的,目前备受学者们重视的是对法律之外的替代监管机制所具有的公司治理效用的研

---

① 参见李培功、沈艺峰:《媒体的公司治理作用:中国的经验证据》,《经济研究》2010 年第 4 期。

究,尤其是媒体所具有的公司治理职能更是获得了广泛的重视[戴克、津加莱斯(Dyck and Zingales),2004;米勒(Miller),2006]。

(三) 网络推动媒体作用进一步发挥

随着互联网技术的快速发展,网络逐渐融入人们的日常生活与工作的各个角落,几乎所有的信息传播都可以通过网络来实现。手机等移动设备借助互联网建立的有效链接还可以更加充分地发挥自身的潜力与作用。报刊、户外、广播、电视等传统媒体与网络技术的融合发展,不仅加速了传统媒体的转型升级,使得网络环境下的媒体具有大众化、多样化、融合化等特征,而且大幅提升了媒体监督的范围与力度,使得媒体能够在更大程度上、更广范围内发挥舆论监督作用。近年来爆出的在职消费丑闻很多是由网络媒体首先发现并引起社会舆论的广泛关注和监督的。

在 2011 年的中石化"天价酒"事件中,媒体对此事件的报道,在极短时间内引发了社会公众对此事件的高度关注,相关单位和部门也在媒体舆论的压力与监督下快速查清事实真相,严惩了相关责任人。在 2013 年 1 月网上曝光的"格力集团红酒事件"中,格力集团党委书记周少强因为一张被曝光在网络上的一次宴会上喝掉价值 23706 元的 12 瓶红酒的照片而成为社会高度关注的焦点,并迅速在网上传播,进而引发了社会各界的广泛热议,周少强个人也被公开质疑利用公款大吃大喝。此事件曝光后,在网络及传统媒体的强大舆论面前,珠海市纪委、珠海市监察委和珠海市国资委等有关部门纷纷介入调查,周少强被处以党内警告处分,并被免去了其原先担任的珠海市金融投资控股有限公司总经理、格力集团党委书记、总裁、董事的职务。此外,中石化公司被爆出的天价名片事件、天价灯事件等,也是由媒体将这些社会公众并不知晓的公司隐秘信息曝光出来,在一定程度上缓解了公司外部人与内部人之间的信息不对称(Information Asymmetry)问题。媒体所具有的突出的信息传播职能、快速扩散职能也正是通过上述事件得到了充分的体现。姚益龙等(2011)曾指出,由于媒体能够在很大的程度上影响企业的经营管理活动,引导其经济行为,从而加速市场的"优胜劣汰"。①因此,作为一种新兴起的、重要的公司外部治理机制,媒体是市场经济中不可缺少的组成部分。

媒体监督,尤其是来自网络媒体、手机短信等新媒体的监督,具有及时性、广泛性、互动性等特点。它能够将鲜为人知的公司内部的各项活动信息曝光在广大的社会公众面前,进而通过发挥自身的信息传播、信息扩散的职能,在一定程度上缓解严重困扰各类监管机构、个体与机构投资者的信息劣势问题。相应地,社会舆论和媒体信息已慢慢成为一种能够影响社会资源配置的重要力量(姚益龙等,2011),为规范和治理在职消费问题提供了新的思路。同时,媒体监督作为一种法律外制度,在治理和规范在职消费中到底发挥何种作用、是如何发挥作用等问题也都值得进一步探讨。

二、本书的研究意义

总体而言,媒体监督的治理职能已经得到了国内外学者的普遍认同。正如戴克(Dyck,2002)所指出的,作为一种来自公司外部的、非正式的监督约束机制,媒体监督能有效地推动公司改善治理状况。同时,企业在进行经营管理决策时,往往会将媒体报道对本企业的影响考虑在内,这也有助于推动企业管理层采取与公司价值最大化目标相符的各类行为方式。贝斯利(Besley,2006)强调指出,纵观当前的各类社会监督机制,媒体监督是其中极为重要的机制之一。然而,根据在职消费问题的研究现状,包括已经取得的研究成果,目前半数以上的研究都集中于从法律制度角度加强对在职消

---

① 姚益龙等:《媒体监督影响企业绩效机制研究——来自中国快速消费品行业的经验证据》,《中国工业经济》2011年第9期。

费的规范与治理,却很少研究如何通过法律外的其他因素实现对在职消费的规范与治理,也更少关注此作用实现的具体路径及其经济后果。因此,本研究主要具有以下几方面的研究意义:

(一) 有助于提高在职消费计量的准确性

尽管以往文献中有关于在职消费合理成分与过度水平计量的模型,但并没有形成普遍认同,无法判断其结果的准确性,而且关于模型的检验结果是否与企业实际情况相似,也缺乏相关的说明和检验。本研究将针对上述不足与缺陷,结合并根据企业经营管理与未来发展对在职消费合理支出的内在需求,设计一个能够估算在职消费合理水平的数学模型,进而测度在职消费的过度成分,并将其作为本研究的研究对象,旨在帮助打开在职消费在计量方面的黑箱,并使本研究更有针对性、更加具体,从而提高在职消费研究的科学性、准确性。

(二) 有助于拓宽在职消费的研究领域

众多学者对在职消费的影响因素、经济后果等做了大量卓有成效的研究,在规范研究、实证研究等方面都取得了较为丰硕的成果,研究的视角和领域也逐渐从公司内部的治理因素慢慢扩展到众多的公司外部治理因素。然而,尽管当前互联网技术已经得到了日新月异的发展,并在实践中得到了更为广泛的应用,媒体也发挥着日益显著的公司外部治理作用,但当前学术界开展的有关媒体监督对在职消费的影响,以及此影响的经济后果等方面的研究却不常见。为弥补此不足,本研究将基于媒体监督的视角,对媒体监督对在职消费的影响、其发生影响的作用机制,以及由此产生的经济后果等进行探究,旨在挖掘和拓宽在职消费问题的研究领域,完善并丰富在职消费理论的研究框架与体系。

（三） 有助于深化在职消费的影响因素研究

回顾当前有关在职消费影响因素的研究,某一影响因素往往被作为实证研究中的解释变量,被解释变量为在职消费,进而单纯地研究二者之间是否存在相关关系。但实际上,媒体监督是在职消费影响因素中来自企业外部的因素,在职消费则是隶属于企业内部的公司治理问题,二者难以直接建立联系、发生作用,而是需要介于二者之间的中间机制来进行沟通协调,将二者联系在一起。为此,本研究将在常见的在职消费与媒体监督关系的研究之外,将行政介入、内部控制等因素引入在职消费的影响因素研究,深入分析和挖掘作为公司外部治理因素的媒体监督是如何对作为公司内部治理问题的在职消费产生影响的,以及这一影响是如何实现的,从而有助于深化当前在职消费影响因素的研究,厘清这些影响因素发挥作用的实现机理。

（四） 有助于实现公司绩效改善与社会公平

高管在职消费问题不仅关乎国计民生,而且与当前广受社会各界关注的腐败、社会公平等问题紧密相关。随着我国居民收入差距的不断增大,忽视企业高管利用企业内外部制度缺陷所享受的过度在职消费问题,只会进一步加剧当前已经拉大的居民收入差距以及由此产生的贫富分化问题。因此,本研究围绕在职消费应如何计量、媒体监督是否影响在职消费、此影响是通过何种机制实现的,以及此影响产生的经济后果如何等问题展开研究,能够为加强对企业高管过度在职消费行为的监督与治理提供政策支持与指引。

同时,通过发挥媒体对公司高管在职消费行为的监督与治理,能够帮助企业降低代理成本,完善薪酬管理制度与公司治理机制,进而帮助企业提升财务与非财务绩效、保护投资者权益,并有助于实现企业价值最大化。媒体对在职消费治理作用的发挥,也有助于各级监管部门制定更有针对性的政策与措施,以进一步推进企业,尤其是国有企业的反腐倡廉工作,推动实现社会的公平、和谐与稳定,为我国的经济社会发展创造良好的环境。

三、本书的研究内容

本书将以问题为导向,基于"在职消费如何计量——媒体监督视角下在职消费的影响因素如何?此影响是如何实现的?——在职消费有何经济后果?媒体监督对此后果有何影响?——未来应如何做"的逻辑主线,分十章的内容进行论述。

具体来说,本书将在交代研究背景、研究意义、研究内容与研究方法等基础上,回顾总结目前已出现的在职消费的计量方法,分析确定哪些因素决定了在职消费的合理水平,进而构建一个在职消费合理水平的估算模型,用于测算并区分在职消费中的过度成分与合理内容。其中,过度在职消费是本书关注和研究的核心。

在此基础上,通过大样本实证研究,检验媒体监督对在职消费、在职消费黏性的影响;引入行政介入、内部控制,分析检验这两大因素在媒体监督影响在职消费及其黏性过程中所具有的实现机制作用;分析检验在职消费在媒体监督影响下对企业绩效、高管货币薪酬业绩敏感性的影响。

最后,在对中石化"天价酒"事件进行案例分析的基础上总结全文,提出有助于规范和治理在职消费、改善公司绩效、提高薪酬契约有效性、促进企业发展及社会公平和谐的政策建议。

四、本书的研究方法

本书将通过理论分析、文献研读等,确定在职消费合理水平的决定因素,构建在职消费合理水平的估算模型;通过数据库收集、手工收集相结合的方式获取在职消费、媒体监督、公司治理、企业绩效等方面的数据;通过大样本实证研究和博弈分析,发现并验证媒体监督对在职消费及其经济后果影响的普遍规律;通过案例分析,检验媒体监督对在职消费及其经济后果的特殊规律。最后,依据前述理论分析与实证检验的结论,有针对性地向企业、政府及其他监管部门提出对策建议,为未来开展在职消费与媒体监督的相关研究提供方向。

图1-1为本书的研究框架。

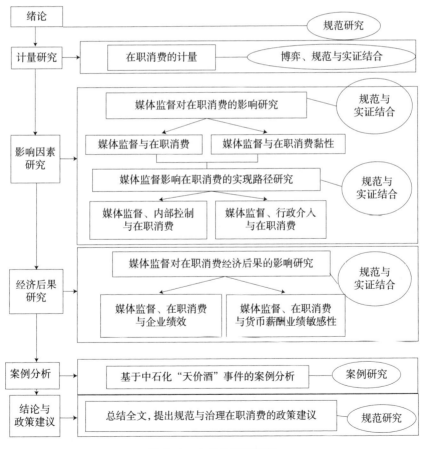

图 1-1 本书的研究框架

五、本书的特色与创新点

1. 防范与治理在职消费的关键是科学计量并降低在职消费的过度水平,因此,本书将在现有文献基础上,根据企业经营管理与发展对在职消费合理支出的内在需求,设计并构建一个用于估算在职消费合理水平的数学模型,进而测度在职消费的过度部分,以实现对在职消费构成的认识深化与细分,打开在职消费计量的黑箱,并使在职消费防范与治理研究更具有针对性。

2. 媒体监督作为重要的法律外制度,对在职消费具有积极的治理作用。因此,本书将在传统的公司治理要素之外,将媒体监督引入在职消费的影响因素与治理研究,以有无媒体的负面报道为切入口,以媒体负面报道次数为媒体监督的替代变量,研究分析媒体监督与在职消费、在职消费黏性之间的关系,进而拓宽在职消费的研究视角,找到防范与治理在职消费的新思路。

3. 作为公司外部因素的媒体监督对在职消费的治理作用需要借助一定的中间机制,即通过与企业内外部公司治理机制的交互作用而实现。因此,本书将行政介入、内部控制引入媒体监督与在职消费的关系研究,分别分析并检验行政介入、内部控制与媒体监督交互项的符号与显著性水平,以厘清媒体监督对在职消费治理作用的实现机制,进而深化并完善在职消费的影响因素研究。

4. 在职消费具有一定的经济后果。它不仅会影响企业绩效,而且影响货币薪酬激励契约的有效性。与之相适应,本书将分别分析并检验在职消费对公司绩效、高管货币薪酬敏感性的影响,以及在媒体监督下此影响有无变化,进而丰富并推动在职消费的经济后果研究。

第 二 章

在职消费的计量

　　什么是在职消费？如何准确地计量在职消费的合理水平与过度成分？对上述问题的回答既是在职消费研究的起点，也是在职消费研究的基础和关键。本章将在回顾并评述国内外研究文献的基础上，基于博弈分析和理论分析确定在职消费的含义与具体构成，进而构建在职消费合理成分的估算模型，计量并确定亟待规范与治理的过度在职消费水平。

一、国内外文献回顾

（一）在职消费的成因研究

　　在职消费的成因是在职消费之所以形成并存在的原因。关于此问题，学术界目前主要有以下两种观点：代理观和效率观。

　　1. 代理观

　　所谓在职消费的"代理观"（concept of agent），就是在所有权和经营权相分离的前提下，由于委托人和代理人目标利益的不一致所产生的一种观点。代理观认为，公司高层管理者并不拥有企业的剩余索取权，因此很有可能会在企业的日常生产经营活动中利用其所掌握的职权进行在职消费。而在两权分离的条件下,股东并不能对高层管理者的在职消费行为进行直接或行之有效的监督,进而形成代理成本。

正如,詹森、梅克林(Jensen and Meckling,1976)所提出的,所谓在职消费,是指企业的管理人员为了取得个人利益而攫取公司资源的一种方式,并且该行为会给公司带来损失。哈特(Hart,2001)通过研究也认为在职消费是一种私人收益,由此产生的财务成本远高于其带来的效率增量。因此,在职消费应该归属于代理成本的范畴。① 蔡洪斌等(Cai et al.,2011)则以中国企业为研究样本,证明了在职消费的"代理观":如果一个公司治理较差,不能实施有效的监督和控制,那么经理人就会为了满足自己的私人利益而消耗更多的业务招待费、办公费和差旅费等。② 马丁·J.柯尼恩(Martin J. Conyon,2014)研究发现,企业首席执行官(CEO)在离职之前,往往会为了享受最后的任职时光,肆意花费公款,从而导致企业的在职消费规模相比之前有了明显的扩大。③

除此以外,国内的很多研究也支持了在职消费的"代理观"。王满四(2006)、卢锐(2008)、张力(2009)、罗宏(2009)、罗进辉(2009)、陈冬华(2010)等认为,由于薪酬管制等制度因素的影响,中国企业管理者的薪酬水平一般都低于这些管理者的心理预期,于是管理者们会进行在职消费,以弥补实际与预期薪酬水平之间的差距,追求并实现自身利益的最大化。与此同时,公司的内部治理状况越差、对管理者的监督约束越不强,管理者进行的在职消费行为就越多,在职消费支出水平也越高。

---

① 参见 O.Hart,"Financial Contracting",*Journal of Economic Literature*,Vol.39,No.4(December 2001),pp.1079-1100。

② 参见 H.B.Cai et al.,"Eat,Drink,Firms and Government:an Investigation of Corruption from the Entertainment and Travel Costs of Chinese Firms",*Journal of Law & Economics*,Vol.54,No.1(February 2011),pp.55-78。

③ M.J.Conyon,"Executive Compensation and Board Governance in US Firms",*Economic Journal*,Vol.124,No.574(2014),pp.F60-F89。

简而言之,在职消费"代理观"的核心思想就是:在职消费是企业高层管理者为了追求个人利益最大化而对公司资源进行攫取的行为,企业应给予及时制止和有效控制。但其前提是企业的公司治理制度有漏洞,致使高层管理者攫取公司资源的行为未能得到有效的监督与约束。

2. 效率观

在职消费的"效率观"(eficiency concept)是在所有权与经营权两权合一、所有者与经营者目标利益相一致的情况下成立的一种观点。或者是说,即使所有权与经营权相分离,但是经营者仍然能按照所有者的意愿,做出与其利益相一致的决策。与代理观不同,效率观认为,在职消费是对公司的高层管理者实施激励、提升企业绩效的一种有效手段。

希斯赫(Hisrch,1976)认为,在职消费可以是一种为经理人提高其在企业内部声望和权威的"地位商品",进而强化管理者的权威和地位并有利于命令的执行,从而提高了管理的效率。[1] 拉詹、伍尔夫(Rajan and Wulf,2006)指出,在职消费的存在是为了提高经理人的管理效率,节约高管时间。例如,CEO享有使用专机的特权是为了节省商务谈判时间、提高企业管理效率,从而为"效率观"的成立提供了经验证据。[2] 也正因为如此,法马(Fama,1980)强调指出,可以根据在职消费的支出情况来调整高管的货币薪酬,将其在职消费纳入最优薪酬契约范围之内,而不是将它作为代理成本的一个组成部分。[3]

3. 文献评述

总体而言,虽然"效率观"还不是当前的主流观点,但其存在已经对"代理观"提出了巨大的挑战。实际上,正如万华林(2007)所指出的,二者并不

---

[1]　F.Hisrch, *Social Limits to Growth*, Cambridge: Harvard University Press, 1976.

[2]　R.G.Rajan, and J.Wulf, "Are Perks Purely Managerial Excess?", *Journal of Financial Economics*, Vol.79, No.1 (January 2006), pp.1–33.

[3]　参见 E.F.Fama, "Agency Problems and the Theory of the Firm", *Journal of Political Economy*, Vol.88, No.2 (April 1980), pp.288–307。

是完全矛盾的,二者的平衡在于公司内部和外部治理机制的有效性。[①]

(二) 在职消费的计量研究

当前,在研究在职消费时,学术界普遍认为最大的难点就在于如何准确和可靠地计量在职消费。然而,作为一种隐性薪酬,在职消费具有天然的隐蔽性(万华林,2007),很难与公司的正常经营支出分开。再加上我国的《企业会计准则》并没有对在职消费明确规定列示相应的会计科目并对其金额加以反映,也没有强制要求对在职消费的信息进行披露,从而导致很多企业不愿意主动披露在职消费的具体构成、金额等详细信息。由于缺乏充分的在职消费信息,会计信息的外部使用者便不能准确地识别出企业的相关支出究竟是用于了企业正常的经营活动开支,还是被管理层攫取、以满足其自身的个人需求。也正因为如此,目前有关在职消费计量的研究还是比较匮乏和急需的。

1. 国外研究

目前,国外已有的专门针对在职消费计量的文献相对较少。在这为数不多的文献中,大多数都是以管理费用为基础来计量在职消费的总体水平。昂等(Ang et al.,2000)分别用管理费用与主营业务收入之比,以及销售费用和管理费用二者之和与主营业务收入的比值来衡量在职消费的程度。[②]这样做是因为会计准则尚未规定用一个明确的会计科目来反映在职消费的组成和金额,一般都是将在职消费记录在管理费用中,但也有较少部分记录在销售费用中。

国外大部分文献认为在职消费是企业各项费用中用于私人消费而且由私人受益的那部分费用。例如,哈特(Hart,2001)认为在职消费包括了那些

---

① 万华林:《国外在职消费研究述评》,《外国经济与管理》2007 年第 9 期。

② 参见 James S. Ang et al., "Agency Costs and Ownership Structure", *The Journal of Finance*, Vol.55, No.1 (February 2000), pp.81−106。

与高层管理人员的办公室、私人飞机和舒适的生活等有关的费用①。此外，耶马克(Yermack,2006)用公司是否向 CEO 提供公司飞机供其个人使用来衡量在职消费。当然还有其他的一些研究并不将在职消费看作单一的仅让个体受益的费用，例如拉詹(Rajan,2006)只是简单地用 0 或 1 来衡量在职消费。当企业在某一特定年份向某一职位的管理者提供了在职消费,则赋值为 1,否则为 0。

目前,众多国外学者已经意识到仅根据某一具体项目去衡量在职消费存在弊端,因此不少学者开始将研究的目光转移到了中国企业,开始以中国市场作为研究背景,用管理费用扣除一定项目后的金额作为逻辑起点,然后通过构建模型来估计其中正常合理的成分,并用回归得到的残差来计量和反映过度在职消费金额。

古尔等(Gul et al.,2011)和许年行等(Xu et al.,2014)借鉴科塔里等(Kothari et al.,2005)的企业利润估算模型②及其基本思想,运用模型来估算过度在职消费数额,并且认为影响在职消费合理成分的因素主要有两种:第一种是直接因素,比如发放给公司全体员工的货币薪酬;第二种是约束在职消费总额的因素,比如公司的资产规模、公司总部所在地的收入水平等。而在职消费总额是通过查阅年报附注披露的"支付的其他与经营活动相关的现金"中的业务招待费、差旅费、出国培训费、董事会费、小车费和会议费六项明细相加得到的总和,并将其作为对过度在职消费进行估算的逻辑起点,然后在运用所构建的模型对在职消费的合理水平进行估算后,将得到的残差作为在职消费的过度损耗。

罗炜等(Luo et al.,2011)用逻辑起点各不相同的两种方法对在职消费进行了计量。第一种计量方法的逻辑起点是扣除存货跌价准备、坏账费用、

---

① 参见 O.Hart,"Financial Contracting",*Journal of Economic Literature*,Vol.39,No.4 (December 2001),pp.1079-1100。

② 参见 S.P.Kothari et al.,"Performance Matched Discretionary Accrual Measures",*Journal of Accounting and Economics*,Vol.39,No.1 (February 2005),pp.163-197。

高管货币薪酬等明显不属于在职消费的管理费用;第二种计量方法的逻辑起点是用现金支付的小车费、差旅费、招待费、高管福利津贴费等支出的合计数。①

马丁·J.柯尼恩(Martin J.Conyon,2014)用管理费用减去坏账准备、存货跌价准备、无形资产的摊销以及付给高管人员的薪酬之后作为经验估计的起点,进而构建模型对过度在职消费进行计量。②

2. 国内研究

在职消费作为一种补偿手段而存在。也正因为如此,我国的在职消费行为相比国外来说更加普遍,也更为严重。为了准确地计量和规范在职消费,我们不能完全照搬照抄国外的计量方法,而是需要设计和实施更有针对性的计量方法。

陈冬华等(2005),张力、潘青(2009),杨蓉(2011)通过查阅年报附注披露的"支付的其他与经营活动相关的现金"中的八项明细,办公费、差旅费、业务招待费、出国培训费、小车费、通信费、会议费和董事会费,并将它们加总计量在职消费。但是,有些学者认为应该除去其中争议较大的办公费、通信费、董事会费,或者是仅仅关注其中代表性最强的办公费、差旅费和业务招待费三项费用。在此基础上,周仁俊等(2010)、陈冬华等(2010)还分别用上述八项费用与高管总人数或营业总收入的比值来计量和反映高管的人均在职消费数额。郑开玲(2015)则将其他支付给经营活动有关的现金和主营业务收入之比作为计量在职消费的逻辑起点。

由于在职消费通常会被归类到管理费用当中,因此,吕长江等(2007),罗进辉、万迪昉(2009)分别用管理费用率、异常管理费用率、总资产费用率,以及管理费用占主营业务收入的比重来计量在职消费水平。卢锐等

---

① 参见 W.Luo et al.,"Bank Ownership and Executive Perquisites:New Evidence from an Emerging Market",*Journal of Corporate Finance*,Vol.17,No.2(April 2011),pp.352-370。

② 参见 M. J. Conyon,"Executive Compensation and Board Governance in US Firms",*Economic Journal*,Vol.124,No.574(2014),pp.F60-F89。

（2008）则进一步用扣除那些明显不属于在职消费的管理费用项目,如坏账准备、存货跌价准备、无形资产摊销等①之后的余额占营业收入的比重来计量在职消费水平。王兵等（2009）则用管理费用扣除管理层货币薪酬后的余额来反映在职消费水平。权小锋等（2010）把从管理费用中扣除董事、监事和高管薪酬总额、坏账准备和存货跌价准备以及无形资产摊销后的金额作为在职消费的替代变量。

　　进一步地,还有学者把在职消费中的合理成分和过度水平进行了区分。李宝宝、黄寿昌（2012）在明确定义在职消费经济性质的基础上,提出了一个有关在职消费的经验估计模型,并借助这一经验模型在剔除了固定管理费用和正常商业性费用的基础上,得到异常管理费用,并以异常管理费用占销售收入的比重来衡量过度在职消费水平。翟胜宝等（2014）在权小锋等（2010）原有模型的基础上,进一步考虑了地区差异的影响,并在区分东部、西部和中部地区的基础上,深入研究了区域性差异对在职消费的影响。

（三）　国内外文献评述

　　综上所述,国内大部分学者主要参照了陈冬华等（2005）的方法来研究在职消费的计量问题,将办公费、业务招待费、差旅费、通信费、出国培训费、董事会费、小车费以及会议费八项费用之和作为在职消费替代变量。此方法能够将管理层利用其职权获取的具有较高隐蔽性的在职消费充分揭示出来,但却不能正确地区分其中合理的消费与过度在职消费,从而导致对在职消费的计量存在较大偏差。实践中的另一种常用方法是以管理费用或管理费用与销售费用之和来计量在职消费数额。这种方法能够考虑到在职消费的会计计量、科目归属与财务报表呈报,反映在职消费的总体水平,虽有其合理之处,但是仍然存在不能准确区分在职消费中的合理部分与过度水平

---

　　①　在旧《企业会计准则》中,坏账准备和存货跌价准备均计入管理费用科目。

的不足。

本书将在文献回顾和理论分析的基础上建立实证检验模型,并借助此模型进行实证回归,估算并区分在职消费中的合理成分与过度水平。这不仅与在职消费本身所具有的双重性质相吻合,而且能够明确真正需要监督和规范的在职消费的内容——在职消费的过度成分,即过度在职消费,从而有助于为社会公众和各级政府对在职消费行为进行更有针对性、更加有效的监督与规范指明方向。实际上,在某种程度上,通过实证模型计量在职消费的方法是最为科学的,国内外学者也已多次尝试使用此类方法对在职消费进行估算。然而,现有研究所构建的在职消费计量模型并不统一,也没有形成一个能够被大家普遍认可和接受的检验模型。因此,仍然有必要重新界定和明确在职消费的逻辑起点与影响在职消费合理支出的因素,构建一个具有普适性的在职消费经验模型,估算出具有隐蔽性特征的正常在职消费的合理水平,从在职消费支出总额中剥离出实际支出超过合理水平的过度在职消费成分,从而提高在职消费研究的针对性与科学性。

二、在职消费成因与构成的理论分析

(一) 在职消费成因的博弈分析

1. 在职消费的博弈论引入

博弈论(game theory)又称对策论,是一门使用严谨的数学模型来研究相互影响着的局中人在竞争、合作、冲突等情况下,充分了解各方信息,并依此选择一种能为本方争取最大利益的最优决策的理论。其中,博弈是一些个人、队组或者其他组织,在面对一定的环境条件和在一定的规则下,同时或先后、一次或多次从各自允许选择的行为策略中进行选择并加以实施,并取得各自相应结果的过程。

博弈论的思想源远流长,我们可以追溯到 2000 多年前中国的"齐威王与田忌赛马"、1838 年法国经济学家奥古斯汀·古诺(Augustine Cournot)的"双寡头模型"(duopoly model),以及 1913 年厄恩斯特·策梅洛(Ernst Zermelo)与埃米尔·博雷尔(Emile Borel)对"象棋博弈(chess game)"的系统研究。1928 年,冯·诺依曼(Von Neumann)证明了博弈论的基本原理,从而宣告了博弈论的正式诞生。然而,现代博弈论的形成及其理论体系的建立与发展却是 20 世纪 40 年代以后的事。1944 年,冯·诺依曼和奥斯卡·摩根斯坦(Oskar Morgenstern)合著的具有划时代意义的巨作《博弈论和经济行为》将二人博弈推广到 n 人博弈并将博弈论系统地应用于经济领域,标志着博弈论作为一门独立学科的建立和形成。1950 年,约翰·纳什(John Nash)的"纳什均衡"理论(Nash equilibrium)以及 20 世纪 70 年代的莱因哈德·泽尔腾(Reinhard Selten)的"子博弈完美纳什均衡"(subgame perfect Nash equilibrium)、约翰·豪尔沙尼(John C.Harsanyi)的"不完全信息博弈"(games with incomplete information)等则对博弈论的发展起到积极的推动作用,使博弈论发展成了一门相对完善的学科。目前,博弈论已经发展成为经济学、社会学中广泛应用的分析工具与方法,并被广泛应用于金融学、政治学、经济学、社会学、公共政策分析等诸多领域,对个人、企业、国家之间的关系发展均有巨大的指导作用。

博弈论有两个基本的假设:一个是认知理性,即假定博弈双方都是理性的,都会理性地选择行为策略,以实现自身利益最大化;还有一个是行为理性,即假定博弈双方会对所处环境及其他参与者的行为形成正确的信念与预期,不存在权威对博弈者的行为进行干预。

局中人、策略和收益是博弈论最基本的三大要素。其中,局中人是在一场竞赛或博弈中,每一个有决策权的参与者;策略是博弈过程中,局中人选择并实施的切实可行的完整的行动方案;收益是博弈结束时的结果,它不仅与某一局中人自身所选择的策略有关,而且与全部局中人所选择的一组策略有关。

博弈无处不在。对现代企业而言,企业的高层管理者之间存在博弈,本书所探讨的企业高层管理者的在职消费行为与企业所有者对此行为进行的监管之间同样也存在博弈。对后者而言,博弈的局中人分别是企业的高层管理者与企业的监察部门。其中,企业高管追求自身的政治经济等利益的最大化,视个人及企业的具体情况选择进行合理的在职消费或过度的在职消费;企业所有者设立的相关监察部门则会根据实施监管的投入与收益之间是否匹配等,选择是否对企业高管的过度在职消费行为实施监管。博弈的策略主要是博弈双方都会努力获取信息并根据所获信息选择最佳策略,同时也会根据对方的策略调整自身策略。博弈的收益是政治、经济、社会影响力等方面的利得。博弈过程中,博弈双方都会遵循一定的规则,如法律、制度、伦理道德规范等。

2. 在职消费中高层管理者之间的博弈分析

"囚徒困境"(prisoner's dilemma)是博弈论中一个非常著名的模型,揭示了人类的个人理性有时却会导致集体的非理性的深层次问题。根据此模型,我们假设有两个选择是否进行过度在职消费的企业高管,二者作为理性的经济人都会试图去做出使自己的个人效用(利益)最大化的行为决策。他们可以根据可能成功的概率大小来确定自己认为最有可能的行为选择,即选择进行合理水平上的在职消费或进行过度的在职消费。

假设两个高管之间存在充分、公平的竞争,而且进行过度在职消费不会被企业的监察部门监察。此时会形成一种博弈策略组合,具体如图2-1所示。

图2-1矩阵中所表示的是企业高管进行过度在职消费时带来的超出正常薪酬之外的部分,每一个括号内的第一、第二个数字分别表示高管甲、高管乙在进行合理在职消费或过度在职消费后获得的收益。如果甲和乙都不选择过度在职消费,那么他们获得的过度在职消费的收益为0;同样,如果甲和乙都选择过度在职消费,那么他们每人都会有价值50的在职消费收益。然而,如果甲选择过度在职消费、乙却选择合理在职消费,那么甲就获

高管乙

高管甲　收益＼策略组合	过度在职消费	合理在职消费
过度在职消费	A（50，50）	B（100，0）
合理在职消费	C（0，100）	D（0，0）

图 2-1　在职消费中高管间的博弈策略组合

得价值 100 的过度在职消费收益而乙的相应收益为 0；反过来，如果乙选择过度在职消费、甲选择合理在职消费，那么乙将获得价值 100 的过度在职消费收益而甲的相应收益则为 0。

当我们从静态角度考察时，如果不考虑高管乙的选择，那么对于高管甲来说，策略组合 B 显然是最优的选择，因为此时他可以获得最大的收益 100；次优选择是策略组合 A，因为他可以获得价值 50 的收益；第三优的选择是策略组合 D，虽然此时甲没有通过过度在职消费获得额外的收益，但乙也没有获得此类收益，对甲而言这是一个较为公平的结果。因此，对于高管甲来说，他的优先选择次序是 B→A→D→C。同样，对于高管乙来说，他的优先选择次序是 C→A→D→B。

进一步地，我们也可以从动态角度来考察分析既定背景条件下行为理性的高管甲、乙最有可能实施的行为策略选择。在策略组合 A 中，如果甲和乙都选择进行过度在职消费，那么两人都将获得同样的额外收益 50。如果甲认为乙一定会选择过度在职消费，那么他也会进行过度在职消费。因为如果一旦甲选择不进行过度分析消费而乙却进行了过度在职消费，他将没有任何机会获得多余收益。反过来，如果乙假定甲一定会进行过度在职消费,那么乙也会选择过度在职消费这一行为策略,因为如果他不采取这样的行为选择也会导致他自己没有任何机会获得额外的收益。因此,从动态的角度来看,高管甲和乙同时选择过度在职消费(即策略组合 A)是最稳定的。

策略组合 B 对于高管甲来说是最好的选择,因为此时甲可以获得的额外收益是最大的;但对于乙来说,这样的选择却是最不理想的,因为他在一无所获的同时自己的竞争对手却获得了最大的收益,乙的内心一定是极不平衡的。因此,乙会有动力去改变自己的行为策略选择而进行过度在职消费,进而导致最后的策略组合还是 A。

与策略组合 B 类似,策略组合 C 对于高管乙来说是最好的选择,但对甲来说却是最差的选择。因此,在此策略组合中,甲也有动力去改变自己的行为选择,进而最终形成策略组合 A。

策略组合 D 是最不稳定的,此时甲、乙都不能获得额外的收益,因此双方都有动力改变自己原有的行为选择模式,转而进行过度在职消费,因为如果自己不改变而对方改变了行为决策,自己将失去在职消费的谋利机会。

3. 在职消费中监察部门与高管间的博弈分析

从经济学和行政管理的角度来分析在职消费行为,可以发现进行过度在职消费的企业高管和监管这种行为的企业监察机构之间也存在博弈。因为在所有权与经营权两权分离的现代企业制度下,企业的所有者往往不会直接参与企业日常的经营管理,而是将企业的经营管理权授予企业内部的各级管理人员,并向后者支付相应的报酬,从而产生了"委托—代理关系(principal-agent relationship)"。在这一关系中,委托人(principal,企业所有者)与代理人(agent,管理者)的信息并不对称,目标函数也不一致,二者之间自然会存在为实现各自利益最大化而进行的博弈:代理人的过度在职消费会损害委托人的利益,因此,委托人会通过加强监管等措施遏制此类行为,维护自身利益。代理人则会根据委托人的举措修正自身的行为,改变实现自身利益和过度在职消费的渠道或方法。针对代理人的这一行为调整,委托人会重新改进并优化自己的对策选择。如此循环往复,相互博弈,直至达到博弈均衡。

（1）构建模型

根据上述假设及分析,本研究构建具体的博弈模型来详细地描述企业高管进行过度在职消费与企业所有者对此行为进行监管之间的博弈。

企业高管的纯策略是（过度在职消费、正常在职消费）,企业监督部门的纯策略是（监管、不监管）。假设只要企业的监督部门实施了监管,企业高管的过度在职消费行为就会被发现并查处。由此可以概括出图2-2中所示的对应不同纯策略组合的收益矩阵。

企业高管

		过度在职消费 p	正常在职消费 $1-p$
企业监察机构	监管 q	R_s-C_s, $-C_c$	$-C_s$, R_w
	不监管 $1-q$	$-R_c$, $R_w+R_c-C_c$	0, R_w

图 2-2　企业监察部门与高管之间博弈策略组合的收益矩阵

矩阵中,第一个数字表示企业收益,第二个数字表示企业高管的收益。其中:R_s 表示企业监管高管过度在职消费行为所带来的收益;C_s 表示企业监管高管过度在职消费行为所要付出的成本;R_c 表示企业高管进行过度在职消费行为的收益;C_c 表示企业高管进行过度在职消费所要付出的成本;R_w 表示企业高管的正常薪资收入。此外,q 为企业进行监管的概率,$(1-q)$ 为企业不进行监管的概率;p 为企业高管选择过度在职消费的概率,$(1-p)$ 为正常在职消费的概率。

矩阵中的四种策略组合分别表示的意义如下:

①当企业监管高管的过度在职消费行为、企业高管选择进行过度在职消费时,(R_s-C_s) 为企业的净收益。其中,R_s 包括企业因遏制过度在职消

费所挽回的损失、得到的对高管过度在职消费的罚金以及停止为其支付的薪水;C_s 包括企业制定并且实施相关制度的直接成本以及保护这种企业制度的间接成本;C_c 则包含了企业高管因进行过度在职消费而被给予的严厉的处罚和失去的应得的薪水。

②当企业监管过度在职消费、企业高管不选择过度在职消费时,企业的收益为 $-C_s$,即监管过度在职消费所付出的成本。而企业高管所获得的收益就是其正常薪酬 R_W 。

③当企业不监管过度在职消费、企业高管选择进行过度在职消费时,企业将承受因监察部门没有监管高管过度在职消费所产生的全部的损失 R_c 。企业高管得到的过度在职消费总收益为 $(R_W + R_c - C_c)$,即企业高管的正常薪酬加上因过度在职消费而获得的收益、扣除因过度在职消费而发生的成本后的净收益。

④当企业不监管、企业高管也不进行过度在职消费时,企业不会获得额外的监察收益,企业高管也仅获得来自正常薪酬 R_W 的收益。

(2)理论计算

通过以上分析不难看出,对于企业监察机构而言,如果知道了企业高管一定会进行过度在职消费,在 $R_s - C_s > R_c$ 的条件下,监察部门一定会进行监管;如果知道高管一定不进行过度在职消费,则因为 $-C_s < 0$,监察部门就会选择不进行监管。反过来,对于企业高管而言,如果知道监察部门一定会进行监管,则会因为 $-C_c < R_W$,此时企业高管不会进行过度在职消费;如果企业一定没有对过度在职消费的监管行为,则因为 $R_W + R_c - C_c > R_W$,企业高管会进行过度的在职消费以谋取更大的私人利益。

简而言之,如果企业不对过度在职消费实施监管,企业高管就会有过度在职消费的腐败行为;而当高管选择过度在职消费时,企业的最佳策略就是对其实施监管。当企业进行严格监管时,企业高管的最佳策略则是不进行过度在职消费;而当企业高管的行为清廉时,企业监察部门的最佳策略又是不实施监管……如此循环往复,最终也不可能产生一个使博弈双方愿意单独改变策略的纯策略组合。因此,在这个模型中并没有形成一个纯策略的纳什均衡(pure strategy Nash equilibrium),而只能以某一概率随机选择不同的策略组合,进而构成混合策略博弈的纳什均衡(mixed strategy Nash equilibrium),如图 2-3 所示。

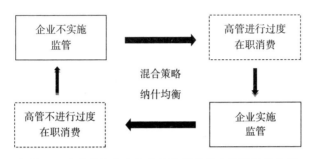

图 2-3　企业监管机构与高管之间的混合策略纳什均衡

接下来,进一步通过计算给出在混合策略下的纳什均衡。当企业监察部门实施监管的概率为 q 时,企业高管对于过度在职消费和正常在职消费这两种行为策略的选择是无差异的,此时企业高管的两种决策模式的期望收益相同。带入上文构建的模型中可以得出企业高管过度在职消费 Q_1 和正常在职消费行为的期望收益 $Q_1^{'}$ 分别为:

$$Q_1(p=1,q) = -qC_C + (1-q)(R_W + R_C - C_C)$$

$$Q_1^{'}(p=0,q) = qR_W + (1-q)R_W = R_W$$

令 $Q_1 = Q_1^{'}$,解得 $q = \dfrac{R_C - C_C}{R_W + R_C} = 1 - \dfrac{R_W + C_C}{R_W + R_C}$

同理,当企业高管进行过度在职消费的概率 p 一定时,企业监督部门对监察和不监察过度在职消费的期望收益计算如下:

$$Q_2(p,q=1) = p(R_s - C_s) - (1-p)C_s$$

$$Q_2^{'}(p,q=0) = -pR_c$$

令 $Q_2 = Q_2^{'}$,解得 $p = \dfrac{C_s}{R_s + R_C}$

也就是说从统计意义上讲,企业高管中有 $p = \dfrac{C_s}{R_s + R_c}$ 比例的人选择会过度在职消费行为模式,而企业监察部门则会以 $q = \dfrac{R_c - C_c}{R_w + R_c}$ 的概率对企业高管进行随机的选择性监察。

(3)现实分析

通过上面的模型分析与理论计算,可以看出企业高管与企业监察机构在过度在职消费问题上的确存在博弈关系。在此基础上,可以进一步做出混合策略的纳什均衡结果的如下分析:

①该模型的经济意义在于:矩阵的均衡表示企业高管以最优概率 $p = \dfrac{C_s}{R_s + R_c}$ 选择过度在职消费,企业以最优概率 $q = \dfrac{R_c - C_c}{R_w + R_c}$ 选择监管过度在职消费。对这一均衡的更合理的解释是:在企业高管中,有 $p = \dfrac{C_s}{R_s + R_c}$ 比例的人会选择进行过度在职消费,有 $\dfrac{R_s + R_c - C_s}{R_s + R_c}$ 比例的人会选择进行合理在职消费。

②对于企业监察部门而言,由 $q = \dfrac{R_c - C_c}{R_w + R_c} = 1 - \dfrac{R_w + C_c}{R_w + R_c}$ 可以得知:当 C_c 减少、R_w 降低、R_c 增加时, q 会上升。也就是说,当企业高管进行过度在职消费的成本减少、企业高管的正常薪酬降低、过度在职消费行为的收益增加时,企业监察部门监管过度在职消费的动机就会增加,从而加大对过度在职消费的监察力度。

③对于企业高管而言,由 $p = \dfrac{C_s}{R_s + R_c}$ 可以知道:当 C_s 增加、R_s 降低、R_c 降低时, p 升高。也就是说,当企业监管部门的监察成本上升、监察收益下降时,对企业监管部门进行过度在职消费行为的监管力度就会减小,从而使企业高管更有可能进行过度的在职消费。

值得注意的是,企业高管在职消费的收益越小,发生过度在职消费策略选择的可能性就越大。这看起来似乎有悖于常理,但结合上述分析可以知道,过度在职消费的收益下降会使企业监察部门放松对过度在职消费行为的监察,从而对企业高管进行过度在职消费产生一定程度的纵容作用。

4.在职消费的博弈启示

运用博弈论的模型与方法来研究在职消费行为是一种有益尝试。从博弈论角度看,企业高管的过度在职消费行为是高管追求自身利益最大化的一种策略行为。企业高管之间的博弈,尤其是企业高管与企业监管机构之间的博弈对我们有许多重要的启示。

首先,所谓"魔高一尺,道高一丈"。委托人(企业所有者)要有效遏制企业高管过度在职消费行为,就需要仔细研究代理人(企业高管)的行为和反应,从而优化自身的策略行为。实际上,在二者的相互博弈过程中,企业高管能否成功地进行过度在职消费,既要看企业高管自身对外部利益的需求程度、企业高管个人能力的高低,以及其进行过度在职消费的方法或手段是否高明,又要看企业所有者对过度在职消费行为的对策是否合理、企业制度是否完善、追查过度在职消费行为的行政效率是否高效以及惩罚是否严厉等条件。相应地,企业所有者能否有效地遏制企业高管的过度在职消费行为,除了要看自身的能力、水平与要求,还要看其博弈对手的行为和反应。这就要求我们在研究企业高管过度在职消费行为的时候,不能孤立地从某一方面出发,而需要认真研究博弈对方的行为模式,并有针对性地提出应对策略。

其次,博弈论有助于探明代理人(企业高管)的博弈策略,从而更好地调整企业自身策略。对代理人——企业高管而言,其优势是拥有更多的内部信息,掌握分配企业资源和进行经营日常管理决策的各种权力;其劣势就是进行过度在职消费行为的非法性,只有当进行过度在职消费时所带来的收益大于其所付出的成本时,理性企业高管才会选择进行过度在职消费。同样,对于委托人——企业所有者而言,监管这种过度在职消费行为既有收益又有成本,而这种收益和成本是由企业外部的市场经济环境以及企业内部的各项制度共同决定的,理性的委托人也会进行收益成本计算。一般而言,企业高管的自由裁量权越大、任职时间越长、公司内部制度越不完善,进行过度在职消费的概率就越大;而企业高管本身的意识形态较好、觉悟越高、合法收益越多,则其进行过度在职消费的概率就越小。同时,企业的内部制度越完善、对违法违纪行为的查处概率越高、惩罚力度越大,企业高管进行过度在职消费的机会成本就越高,企业所有者就越能够有效地遏制企业高管的这种自利行为。因此,企业高管在选择过度在职消费时的博弈策略就是:利用企业制度的漏洞和模糊之处,充分利用个人信息优势,将过度在职消费行为的成本尽可能降到最低,在最大限度上增加其个人收益。

再次,博弈论有助于优化委托方(企业所有者)的博弈策略。由于委托方拥有政治和法律上的合法性优势,可以通过改变博弈规则来维护自身利益。但是由于处于信息劣势地位,委托方制定出来的企业制度是一种不完全的制度。对于企业所有者而言,对企业高管过度在职消费行为的监管目的就是挽回企业利益的不必要流出和损失,保护企业资源,维护企业长期稳定的发展。因此,企业所有者可以利用其合法性优势,在博弈规则上下功夫,进行企业制度创新。具体而言,企业所有者的博弈策略有:强化企业高管的责任意识;提高企业高管的合法收入,增加过度在职消费的机会成本;严刑峻法,加大对过度在职消费行为的惩罚力度和查处率;加大修补企业制度漏洞,规范企业高管行为,使企业管理机制更加透明化。

最后,由博弈论可以推算出企业高管过度在职消费行为和所有者监管这种行为的博弈均衡点,从而有助于人们合理界定企业监管高管在职消费的经济界限。无论是企业高管进行过度在职消费还是企业所有者监管这种行为,成本和收益都会同时存在,理性的博弈双方都会通过计算这种经济损益来确定其策略选择,进而得出双方的博弈均衡点。这样不仅利于企业所有者制定出遏制过度在职消费行为的现代企业制度,也有利于确定其经济界限,从而减少不必要的管理成本。事实上,对企业高管过度在职消费的监管是一项复杂的系统工程,既要考虑企业内外制度的完善性,又要考虑它的经济性和可行性。将遏制企业高管过度在职消费行为的成本收益纳入博弈模型,可以推算出监管这种过度在职消费行为的经济规模,从而赋予监管企业高管过度在职消费行为更大的经济意义。

(二) 在职消费构成的理论分析

隐性激励契约的经济后果是经营者薪酬激励契约有效性的基本问题之一(周守华等,2013)。对于其中在职消费的经济后果,现有研究尚未达成一致(王曾等,2014),而是分别支持了效率观和代理观。效率观认为,合理的在职消费有助于提升企业的管理效率和公司价值[拉詹、伍尔夫(Rajan and Wulf),2006]。代理观则认为,在职消费的财务成本超过了其带来的企业绩效增量[威廉森(Williamson),1979],进而减少企业绩效和公司价值[詹森、梅克林(Jensen and Meckling),1976]。实际上,代理观与效率观具有内在逻辑上的一致性(万华林,2007),有必要协调分歧,找到二者的均衡点。

我们认为,在职消费的代理观与效率观能否得以均衡的关键点在于在职消费"是否合理"。"合理"的在职消费符合效率观,有助于提升组织效率与公司价值,是企业正常经营所需、应予以保留的必要支出;反之,"不合理",尤其是"过度"或"超额"的在职消费符合代理观,会增加企业的代理成本、降低企业绩效,应大力规范和治理。

在职消费具有天然的隐蔽性(万华林,2007),很难与公司的正常经营支出分开,上市公司年报中也很少披露在职消费信息,这也使得在职消费成了一个神秘的"黑箱",不易确定和计量。对此,学者们做了许多有益的尝试,如陈冬华等(2005)、卢锐等(2008)以"管理费用"或"支付的其他与经营活动有关的现金支出"等年报中的财务数据为基础直接或经扣除一些项目后计量在职消费总额;在此基础上,权小锋等(2010)、罗炜等(Luo et al.,2011)、王曾等(2014)、翟胜宝等(2015)采用管理层在职消费总额与由经济因素决定的高管预期正常的在职消费之间的差额表示高管非货币性私有收益,即异常在职消费。总而言之,通过这些方式可以把在职消费总额中的合理和不合理的成分区分开来,但它们并未对"过度在职消费"做进一步的界定和计量。

我们认为,合理在职消费是"满足企业经营发展所需的正常或必要支出";合理与不合理、正常与异常相对应而存在。在职消费总额与合理在职消费的差额即为"不合理"或"异常"在职消费,它可能是正数,也可能是负数。而"过度在职消费"仅指其中的正数部分,即"在职消费总额中超过在职消费合理水平的那部分",或"金额为正的异常在职消费",是企业所有者不希望发生的、需要治理和消除的支出,也是本研究关注与考察的重点。

进一步地,可以依据公司经营管理与发展的内在需求,构建合理在职消费的经验估计模型,估算在职消费的合理水平,进而测度在职消费总额中超出合理水平的那部分支出,即过度在职消费。一般而言,企业的规模越大、管理幅度和管理强度越高、管理活动越密集,公司所处的地域越发达,公司的未来发展态势越好,对合理在职消费的内在需求就越强。

三、在职消费计量的研究设计

(一) 样本选择与数据来源

本研究以上海证券交易所(以下简称沪市)、深圳证券交易所(以下简称深市)的 A 股上市公司为样本,选取其在 2010 年到 2014 年的相关数据,在剔除了 ST、*ST 公司、金融保险类上市公司以及关键数据缺失的公司后,最终我们搜集到初始观测值共计 8082 个。初始观测值在 2010 年到 2014 年五年间的分别为 1557 个、1605 个、2051 个、2141 个以及728 个。

本章研究所用的在职消费总额,具体指"支付的其他与经营活动有关的现金流量"中的八项费用之和,具体包括办公费、差旅费、业务招待费、通信费、出国培训费、董事会费、小车费、会议费,具体通过手工收集得到;上市公司在会计方面的其他数据,如固定资产占比、资产负债率等,以及其他关于公司治理的相关数据,通过深圳国泰安数据库查询得到,并通过Stata12.0和Microsoft Excel软件进行数据的处理分析。

(二) 在职消费计量的模型构建

本研究参考被学术界广泛认可的与过度投资相关的经典模型,并同时借鉴了古尔等(Gul et al.,2011)、罗炜等(Luo et al.,2011)、李宝宝和黄寿昌(2012)、马丁·J.柯尼恩(Martin J.Conyon,2014)、翟胜宝等(2015)在相关论文中提出的运用回归模型中的残差项来估计在职消费的方法,选择合适的逻辑起点和在职消费总额(Perks)的替代变量,依据企业经营管理与发展对在职消费的内在需求,构建合理在职消费的经验估计模型。

具体来说,用财务报表附注"支付的其他与经营活动有关的现金"中披露的办公费、差旅费、业务招待费、通信费、出国培训费、董事会费、小车费、会议费八项费用之和取自然对数作为该模型的逻辑起点和在职消费总额(Perks)的替代变量,放在模型的左边;以员工人数(Emp)、管理层规模(Magsize)、管理层会议次数(Confer)、总资产净利率(ROA)、销售收入(Ln-Sales)、固定资产占比(P/A)、四委设立(Com,战略委员会、审计委员会、薪酬委员会、提名委员会等设立情况的哑变量之和)、资产负债率(Lever)、公司所处地区(Area,北京、上海、广州、深圳为4,东部地区为3,中部地区为2,西部地区为1)等当作解释变量,置于模型的右边,搭建如模型(2-1)中所示的在职消费合理水平的经验估计模型。

在这个设定条件下上,由对该模型进行分行业、分年度回归,测度在职消费的合理水平。通过回归获取的残差(ε)即为上市公司在职消费总额中与合理在职消费出现偏差的异常部分。其中,残差为正值的异常在职消费就是在职消费总额中存在的超过合理水平的过度在职消费(Operks)。

$$PERKs = \alpha_0 + \alpha_1 Emp + \alpha_2 Magsize + \alpha_3 LnSales + \alpha_4 ROA$$
$$+ \alpha_5 Confer + \alpha_6 (P/A) + \alpha_7 Com + \alpha_8 Lever + \alpha_9 Area + \varepsilon$$

模型(2-1)

(三) 在职消费计量的变量设计

我们认为,对在职消费总额中的合理性支出产生影响的主要有以下几个要素,即模型(2-1)中等号右侧包含的以下变量:

1. 公司的员工规模(Emp)

即对公司员工的人数取自然对数。该变量能够反映公司的管理幅度。管理幅度越大,对在职消费的内在需求就越大。

2. 公司的管理层规模(Magsize)

该变量用以反映公司的管理强度,用管理层人数占员工人数的比重来表示。通常来说,公司的管理强度越大,在职消费中必要支出的金额也就越大。其中,对于公司管理层的定义,一般包括其公司年度报告中所列示的高级管理人员,如董事、监事、总经理、副总经理等。

3. 固定资产占比(P/A)

即总资产中固定资产所占的比例,用以反映公司经营管理的特点。该比值越高,表明公司的经营管理越依赖于固定资产,公司也就越需要通过各种方式来扩大生产、提高销售量。也就是说,固定资产占比越高,在职消费的正常与内在需求就越大。

4. 公司绩效(ROA)

该变量用总资产净利率(ROA)表示,用以反映公司目前的经营效益与未来的发展潜力。一般来说,公司目前的经营效益与发展潜力越大,企业的经营绩效越优异,越可以支持更多的正常在职消费支出。

5. 重要会议次数(Confer)

该变量用公司召开董事会、监事会、股东大会等会议次数的合计数表示,用以衡量和反映公司进行的管理工作是否频繁。管理活动越频繁,公司对正常在职消费的需求就越大。

6. 四委设立(Com)

即一家公司董事会中下设薪酬委员会、审计委员会、战略委员会、提名委员会等部门的个数。该变量与重要会议次数(Confer)相互补充,共同用于衡量和反映公司进行的管理工作是否频繁。

7. 地理位置(Place)

一般而言,发达地区,例如北京、上海等城市从事某项业务而消耗的成本数额显著多于欠发达地区,其对于在职消费的内在需求也会更多。

此外,公司的销售收入(LnSales)、资产负债率(Lever)分别代表和反映公司规模、公司风险等对正常在职消费支出的需要。

综上,模型(2-1)中各变量的具体含义及计算方法如表2-1所示。

表2-1 变量定义与说明

变量名称	变量符号	变量定义
在职消费	Perks	"支付的其他与经营活动有关的现金"项目中所披露的八项费用之和取自然对数
管理层规模	Magsize	董事、监事、高管人数之和占员工人数总和的比例
员工规模	Emp	公司的员工人数取自然对数
公司绩效	ROA	总资产净利率=净利润/平均总资产
销售收入	LnSales	公司利润表中的销售收入取自然对数
固定资产占比	P/A	固定资产占期末资产总数的比值
重要会议次数	Confer	董事会、监事会、股东大会等开会次数的合计数
资产负债率	Lever	期末负债总额/期末资产总额

续表

变量名称	变量符号	变量定义
四委设立	Com	薪酬委员会、审计委员会、战略委员会、提名委员会设立情况的哑变量之和
地理位置	Place	设置为哑变量。北京、上海、广州、深圳赋值为4;东部地区赋值为3,中部地区赋值为2,西部地区赋值为1

四、在职消费计量的实证结果与分析

（一）主要变量的描述性统计

对在职消费估算模型(2-1)中各变量的描述性统计结果如表 2-2 所示。

从表 2-2 可以看出,在统计的 8082 个样本中,平均在职消费总额即"支付的其他与经营活动有关的现金流量"取对数后是 18.689,在职消费总额最大值为 22.454,最小值为 15.835,标准差为 1.347,表明不同上市公司之间花费在在职消费方面的数额存在较大差异。这可能是因为,正如前文所述,在职消费总额本身包含了一部分公司正常经营所需的、应该支付的、合理的在职消费,公司的规模不同,管理幅度、管理强度、管理密度等不相同,在职消费总额的规模必然会有所差异。

同时,根据表 2-2,在 8082 个样本中,管理层规模最高为 0.048（4.75%）,最低为 0.002(0.21%),标准差为 0.015,说明样本公司的管理层规模差别不大。但与之形成鲜明对比的是,重要会议次数最大值为 21,最小值为 7,标准差为 3.814,说明尽管我国《公司法》对董事会的构成有规定,但不同公司对于董事会、监事会等会议召开的频率并不相同;固定资产占比(P/A)的最大值是 0.663,最小值却只有 0.041,标准差为 3.814,说明样本公司的资产结构存在较大差异,不同公司对于固定资产的需求情况不尽相同。

表 2-2 模型(2-1)中变量的描述性统计(N=8082)

变量	最大值	最小值	均值	标准差
Perks	22.454	15.835	18.689	1.347
Magsize	0.048	0.002	0.016	0.015
Emp	9.791	5.380	7.486	1.175
LnSales	25.273	17.421	21.190	1.503
ROA	0.297	-0.028	0.043	0.042
Confer	21	7	13.365	3.814
P/A	0.663	0.041	0.222	0.165
Com	4	0	3.8542	0.4453
Lever	0.954	0.040	0.338	0.227
Place	4	1	2.786	0.982

(二) 主要变量的相关性分析

模型(2-1)中各变量间的相关系数如表 2-3 所示。根据表 2-3,解释变量之间的相关系数几乎全部分布在 0—0.5 之间,说明它们之间的多重共线性较为轻微,对回归结果的干扰较小。同时,由于被解释变量(在职消费)与解释变量之间的相关系数大部分都高于或接近 0.4、且小于 0.5,说明模型(2-1)中的解释变量能够解释在职消费总额,该模型在变量选取方面是基本可行的。

表 2-3　模型（2-1）中主要变量的相关系数（N=8082）

变量	Perks	Emp	Magsize	LnSales	ROA	Confer	P/A	Com	Lever	Place
Perks	1									
Emp	0.452***	1								
Magsize	0.424***	0.487***	1							
LnSales	0.470***	0.354***	0.422***	1						
ROA	0.343***	0.072***	0.071***	0.217***	1					
Confer	0.460**	0.033***	0.033***	0.055***	0.055***	1				
P/A	-0.324***	0.266***	-0.256***	0.156***	-0.088***	0.005***	1			
Com	0.440**	0.040**	0.040**	-0.050**	-0.040**	-0.020**	0.010**	1		
Lever	-0.438***	0.297***	-0.277***	0.408***	-0.267***	0.045***	0.102***	0.003***	1	
Place	0.223*	-0.073***	0.064*	-0.001*	0.076*	-0.010*	-0.228**	-0.078***	-0.110***	1

注：***、**、* 分别表示 1%、5%、10% 水平的显著性。下同。

（三）在职消费计量的多元回归结果

基于整理后的样本数据,对模型(2-1)进行回归分析后所得的结果如表 2-4 所示。其中,模型(2-1)的调整后 R^2 为 0.53,表明该模型的拟合度较好。

表 2-4　回归结果(N = 8082)

变量名称	系数
Emp	0.170 *** (16.79)
Magsize	0.859 *** (8.95)
LnSales	0.625 *** (65.45)
ROA	0.104 ** (2.06)
Confer	0.019 *** (8.52)
P/A	-1.129 *** (-18.36)
Com	0.041 ** (2.14)
Lever	-0.295 *** (-8.56)
Place	0.010 (1.02)
调整后 R^2	0.53

注:括号中为 t 值。

根据表 2-4,大多数解释变量都对在职消费产生重要影响。其中,员工规模、管理层规模、销售收入、管理层会议次数、固定资产占比、资产负债率等均在 1% 水平上显著,表明企业的管理幅度越宽、员工规模越大,企业的管理为满足日常经营管理所需而发生的正常在职消费就越多;企业的管理强度越大、管理人员占全体员工的比重越高,企业对于经营管理的正常投入就越大,在职消费方面所需要的正常开支也会越高;企业的规模越大、销售收入越多,越需要增加投入、扩大销售规模,支付更多的其他与经营活动相关的费用。

固定资产占比之所以与在职消费负相关,主要是因为当企业对于固定资产等不动产投入了大笔资金时,其手中可自由支配的流动资金减少,从而在一定程度上减少了可用于正常在职消费的支出。资产负债率与在职消费水平负相关的原因与此类似。当资产负债率过高时,企业的财务风险会上升。为应对风险、提高财务的安全性,企业会节约开支。相应地,流动资产中可用于和实际用于在职消费方面的投入自然会变少。

同时,我们也可以看到,虽然在职消费金额与地区差异之间呈现正相关关系,但并不显著,这就表明尽管经济相对发达的地区企业高管的在职消费支出确实比不发达地区高,但这种差异并不显著。此外,企业中四委设立的个数越多、董事会等重要会议的召开次数越多,企业的管理活动就越频繁,用于在职消费的开支就越大。

对模型(2-1)进行分行业、分年度回归后,本研究筛选得到 3973 个正向残差,表明有 3973 家样本企业存在过度在职消费,即本研究所定义的狭义在职消费。

(四) 在职消费计量的回归结果分析

为进一步了解过度在职消费样本及其数额的分布情况,本研究进一步对过度在职消费数据做了分年度、分行业的详细描述和统计分析。

1.过度在职消费的分年度统计

根据模型(2-1)分行业、分年度回归后得到的残差的正负符号,表 2-5 列示了存在过度在职消费(残差为正)的样本公司的分年度分布结果。为进一步了解其变动规律,本研究还制作了如图2-4所示的柱状图。

根据表2-5和图2-4,2010年至2013年,存在过度在职消费的样本公司逐年上涨,各年分别为753家、783家、1013家、1056家,但到了2014年,存在过度在职消费的公司骤降至368家,较以前年度大幅减少。这一下降趋势在过度在职消费年度年均值分布柱状图(见图2-5)中表现得更为充分。根据图2-5,过度在职消费的年均值在2011年达到最高,之后出现快速下滑。尽管2013年有小幅反弹,但2014年再次出现下滑,且达到2010年至2014年这五年期间的最低点。这可能是因为2010年之后,随着社会各界对在职消费问题的日益关注和高度敏感,尤其是我国多项大力反腐、持续反腐政策法规紧锣密鼓地出台,对企业高层管理者滥用职权的不规范行为的制约与监督效力正在逐步显现且成效日趋显著。

表 2-5 过度在职消费分年度描述性统计

	年度	2010	2011	2012	2013	2014	合计
数量	总体(家)	753	783	1013	1056	368	3973
	国有企业(家)	319	330	460	361	120	1590
	非国有企业(家)	434	453	553	695	248	2383
均值	总体	0.594	0.625	0.566	0.570	0.547	—
	国有企业	0.621	0.684	0.589	0.586	0.564	—
	非国有企业	0.605	0.620	0.560	0.580	0.606	—

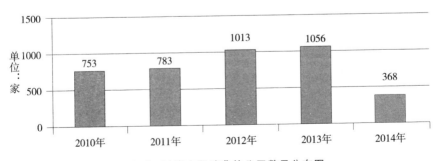

图 2-4 过度在职消费的公司数量分布图

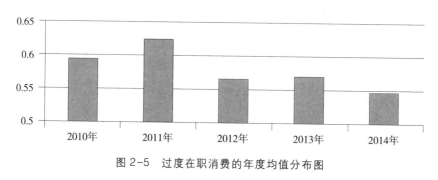

图 2-5　过度在职消费的年度均值分布图

在此基础上,本研究进一步依据产权性质的不同,分别对 2010 年至 2014 年间国有企业、非国有企业的过度在职消费情况进行了统计分析,如图 2-6 所示。

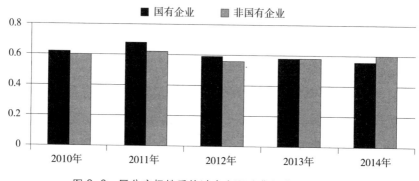

图 2-6　区分产权性质的过度在职消费年度均值分布图

不难看出,与人们在日常生活中的理解与媒体报道相一致的是,在 2014 年之前,国有企业过度在职消费的年度均值均高于非国有企业,其中又以 2011 年最为突出。但到了 2014 年,这一状况发生了翻天覆地的变化,非国有企业的过度在职消费首次在规模上超过国有企业。这一变化在某种程度上主要归因于我国有中国特色的社会主义制度和媒体舆论监督力量的壮大。

2014 年之前,由于国有企业"所有者缺位",国有企业不可避免地出现"内部人控制问题",企业高层管理者会很容易地滥用手中的职权进行过度在职消费。同时,薪酬管制的存在也使得国有企业管理者存在通过过度在职消费弥补自己被管制的过低的货币薪酬的动机与私心。相反,非国有企业管理层的薪酬主要受经理人市场的影响,总体水平也较国有企业中高层管理者的货币薪酬水平更高,更与管理者本人的能力、水平和付出相匹配,因此,他们也就缺少通过过度在职消费弥补货币薪酬不足的动机与私心。

然而,不可否认的是,国有企业会较非国有企业更多地暴露在社会公众和媒体的舆论监督之下,也更多地接受来自各级政府的监管。尤其是近年来我国财政部等相关部门陆续下发了多个政策性文件以减少国有企业管理层的在职消费情况,这些都使得对过度在职消费行为的监督和管理力度不断增强,从而增加了其滥用职权、进行过度在职消费的成本与风险,国有企业的管理者们不可避免地会为自己的职位安全、政治晋升等考虑,自觉或不自觉地约束自身的行为,减少在职消费支出。与此相反,相关政府部门对非国有企业管理者的监督约束相对较少,这也使得非国有企业在生产经营决策、用人计划、报销制度等许多方面有较大的自主决策权,由此而导致的一个结果是,非国有企业对待在职消费的态度会更加随意,其进行的过度在职消费的数额也就更大。这也就不难理解为什么在表 2-5 中,从总体上看非国有企业的过度在职消费比国有企业更多。

2. 过度在职消费的分行业统计

根据表 2-6 和图 2-7,在回归得到的 3973 家存在过度在职消费的样本公司中,存在过度在职消费的公司数量最多的行业是制造业,达到 2668 家,占全部 3973 家公司总数的 67.2%;其次是批发和零售业、房地产企业,分别为 252 家和 234 家。尽管如此,结合图 2-7 从过度在职消费的行业平均值进一步分析后可以发现,行业内平均每家公司过度在职消费水平最高的却是房地产业。这一结果与《北京晚报》2013 年 12 月 20 日"房地产企业领导人均职务消费 53.17 万,在北京市属国有企业领导中最高"①的报道相一

---

① 李海霞:《房产国企老总职务消费人均 53 万》,2013 年 12 月 20 日,见 http://news.hexun.com/2013-12-20/160777208.html。

致。这一结果可能是受到房地产企业的行业链条长、接口单位多等特征的直接影响。

表 2-6　存在过度在职消费的企业分行业描述性统计

行业	企业数量（家）	平均值
农林牧渔业	64	0.452
采矿业	116	0.591
制造业	2668	0.579
水电煤气业	131	0.691
建筑业	113	0.511
信息技术业	182	0.451
批发和零售业	252	0.549
房地产业	234	0.745
社会服务业	171	0.582
综合	42	0.663
合计	3973	—

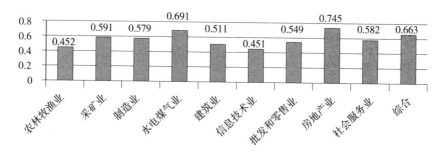

图 2-7　过度在职消费行业平均值分布柱状图

（五）稳健性检验

为对上述结果的稳健性进行检验,以加强本研究结果的可靠性,本研究借鉴陈冬华等(2005)、卢锐等(2008)的研究,用管理费用减去明显不属于在职消费支出项目的无形资产摊销、固定资产折旧、管理层货币薪酬、低值易耗品摊销等后的金额作为在职消费总额(Perks)的替代变量,对过度在职消费进行重新计量。本检验所用有效样本为 7965 个,检验得到的结论与表2-4 中基本一致,详见表 2-7。

表 2-7　稳健性检验结果(N=7965)

变量名称	系数
Emp	0.154*** (14.79)
Magsize	0.842*** (6.95)
LnSales	0.618*** (61.45)
ROA	0.093** (2.01)
Confer	0.014*** (7.59)
P/A	−1.108*** (−14.28)
Com	0.036** (1.98)
Lever	−0.251*** (5.47)
Place	0.006 (0.72)
调整后 R^2	0.46

　　基于上述稳健性检验结果对模型(2-1)进行分行业、分年度回归后,筛选得到 3519 个正向残差,即有 3519 家样本公司存在过度消费,即本研究中所定义的狭义在职消费。其中,国有上市公司 1646 家,非国有上市公司1873 家。

五、本章小结

本章在参考已有的关于如何对过度投资进行衡量文献的基础上,通过构建新的在职消费合理水平的实证模型来估算在职消费的合理水平,进而测度在职消费总额中的过度成分,同时对沪深两市 A 股上市公司的过度在职消费现状分行业、分年度等进行了描述性统计。本章得到的主要研究结论如下:

1. 过度在职消费的回归结果

经过数据整理与回归统计,我们筛选得到了 3973 个残差为正的样本,即 2010 年至 2014 年间我国共有 3973 家样本公司存在过度在职消费。这些公司也成为本研究重点关注并继续研究的狭义在职消费的样本。

2. 过度在职消费回归结果的描述性统计

经分析,我们认为,我国的过度在职消费存在年度、产权性质和行业三方面的效应。

(1)年度效应

2014 年存在过度在职消费的企业数量及其平均规模上均比 2011 年至 2013 年期间的其他年度有所降低,说明我国的反腐倡廉工作已经取得实质性成效。

(2)产权性质效应

本章在依据产权性质进行分样本描述性统计时发现,我国的国有企业和非国有企业在存在过度在职消费的公司数量以及过度在职消费的规模上均存在显著差别。一方面,受企业本身数量的影响,存在过度在职消费的非国有企业显著多于国有企业。另一方面,就过度在职消费的平均规模而言,2010 年至 2013 年,国有企业的年均过度在职消费水平较非国有企业更大,这与大众对过度在职消费的认知相同。但到了 2014 年,这一状况发生重大变化,非国有企业的平均过度在职消费水平超过国有企业。这也再次说明我国的反腐行动已经初见成效。

(3)行业效应

过度在职消费的存在与否、其规模的大小等都会因公司所处行业的不同而不同。其中,制造业中存在过度在职消费的公司数是所有行业中最高的;房地产企业的平均过度在职消费规模则是所有行业中最大的。

第 三 章

媒体监督与在职消费

目前,学术界有关在职消费影响与制约因素的研究已有很多,并取得了丰硕的成果。本章将在系统梳理和回顾在职消费的影响因素、媒体监督等已有研究成果的基础上,重点对媒体监督与在职消费的关系,即媒体监督能否影响和制约在职消费问题进行探讨。

一、国内外文献回顾

(一) 在职消费的影响因素研究

目前,学者们已经就在职消费的影响因素问题进行了较为深入和广泛的研究。大多数学者都以公司治理层面为出发点,对影响在职消费的主要因素进行研究。正如詹森(Jensen,1993)所指出的,公司内外部治理可以有效控制高管包括在职消费在内的机会主义行为。[1]

---

① 参见 M.C.Jensen,"The Modern Industrial Revolution,Exit,and the Failure of Internal Control Systems",*The Journal of Finance*,Vol.48,No.3(July 1993),pp.831-880。

1.公司内部治理因素研究

公司内部治理因素,如管理层权力、董事会结构、大股东持股等,是规范和制约在职消费的重要力量,通常从加强监督和减少现金两个方面来加强对在职消费的约束,进而减少管理者可以自由支配或浪费的资源。

国内学者卢锐等(2008)、罗宏等(2009)分别从管理者权力、股利政策、董事会结构、大股东持股、股权制衡、负债融资角度验证了公司内部治理因素对在职消费的制约作用。如卢锐等(2008)实证研究发现,管理层权力是影响薪酬激励及绩效的重要因素之一;罗宏等(2009)的研究表明,公司可以通过支付一定的现金股利给管理层来改善管理层过度的在职消费行为;张力等(2009)发现,公司的独立董事比例等董事会结构能对在职消费起到监督制约的作用;罗进辉等(2009)发现,大股东对高管在职消费的监督作用具有双重效果。

伯利、米恩斯(Berle and Means,1932)认为,当管理层持有公司少量的股权、公司股权结构过于分散时,股东将难以对管理者实施有效的监督,管理者也有动机和机会利用公司的资产来谋取私利,如满足自己的消费欲望、建造个人帝国和提高职工福利等,损害企业价值。施莱费尔、维什尼(Shleifer and Vishny,1986、1997)也发现,股权集中度、大股东持股比例、股权制衡等股权结构因素都对在职消费有影响。国内的学者夏冬林等(2004)、陈冬华等(2010)同样验证了此理论。

伊斯特布鲁克(Easterbrook,1984)认为,压缩公司可以自由支配的现金流量,降低公司管理层能任意支配的流动现金,能够有效制约在职消费。利曾伯格、兰(Litzenberger and Lang,1989)通过研究证实了该结论的正确性,认为制约高管对流动现金的支配权力,缩减其可支配的现金规模,能有效降低公司在职消费的支出。拉詹、伍尔夫(Rajan and Wulf,2006)同样认为,如果公司拥有较多能直接动用的现金而缺乏投资机会,管理层的在职消费会明显增加。

2. 公司外部治理因素研究

除了内部治理因素以外,激烈的市场竞争、复杂的政治关系等公司外部治理因素也是制约过度在职消费的重要手段。

在国内研究中,陈冬华等(2010)指出激烈的市场竞争能有效减少高管的在职消费行为。周玮(2010)研究发现,国有企业存在的较复杂的政治关系网会令国有企业的在职消费规模变大,但这些政治关系网在非国有企业会起反作用,能有效制约在职消费。孙剑非等(2012)研究表明,外部的机构投资者通过持有上市公司股票,能够有效减少公司高管的在职消费行为。

梅尔·法乔等(Mara Faccio et al.,2001)研究表明,公司的负债融资会影响管理者的利益侵占行为,债权人的介入和监督治理能有效制约管理者的在职消费。古尔等(Gul et al.,2011)认为,公司可以通过聘请高质量的外部审计师来严格监管公司,从而有效制约过度在职消费。罗炜等(Luo et al.,2011)通过实证研究证实了银行持股会影响公司管理者的在职消费。

近些年来,媒体监督作为重要的外部监管机制也引起了人们的关注,媒体能对公司的行为起到外部监督的作用[克雷文、马斯顿(Craven and Marston),1997]。梁红玉等(2012)研究发现媒体监督能够降低企业的代理成本、提高代理效率,而在职消费正是代理成本的重要组成部分。

(二) 媒体监督研究

自20世纪起,媒体逐渐成为人们生活中不可或缺的一部分。在西方国家,媒体甚至被称为独立于司法、立法和行政之外的"第四方权力"。近年来,法律外的制度因素对公司治理作用越来越明显,媒体的治理角色逐渐受到学者们的认同,并在已有文献中得到了初步的支持、肯定[戴克、津加莱斯(Dyck and Zingales),2004、2008;米勒(Miller),2006;李培功、沈艺峰,2010]。

1. 国外研究

国外学者对媒体监督的研究相对国内的研究更加成熟,并对媒体扮演公司治理的角色持乐观和支持态度,认为媒体是公司治理中不可缺少的重要组成部分。

戴克、津加莱斯(Dyck and Zingales,2002)首次从理论上分析了财经媒体对上市公司治理实施影响的途径。该研究以环保公司为研究对象,证实了媒体对公司行为的报道会引起公司行为发生相应的变化,进而能够有效改进公司治理。戴克、津加莱斯(Dyck and Zingales,2004)通过比较媒体发行量的多少进一步衡量了媒体在公司治理方面产生的影响力的大小,结果发现管理者的过度在职消费行为和媒体的负面报道呈反向关系,即媒体的负面报道数量越多,管理者的私利行为会越少。米勒(Miller,2006)的研究表明,媒体对公司的负面报道对公司有积极的治理作用。乔等(Joe et al.,2009)从董事会效率角度研究发现,在媒体报道公司董事会低下的效率后,董事会会积极采取行动改善和提高效率。

关于媒体发挥治理作用的路径或机制,国外学者的研究普遍关注声誉机制。克雷普斯等(Kreps et al.,1982)分析单一产品市场中的声誉效应后强调指出,对职业经理人来说,声誉尤其重要,只有提高声誉,才能相应提高市场运作的效率。法马(Fama,1980),詹森、法马(Jensen and Fama,1983)研究发现,管理者多数情况下会更加在意自身声誉,并极力避免媒体负面报道影响其声誉。如果出现负面报道,管理者会采取积极的措施应对和消除媒体负面报道对其不利的影响,以保证未来自己有更高的薪酬待遇和更好的升迁机会。事实上,公司的管理者相当关注其在外界的声誉。他们往往会让利于中小股东,但有时并不是真正为了中小股东的利益考虑,而是为了避免媒体的质疑、是由于外在的媒体监督压力而被迫为之,而产权私有化和成熟的经理人市场是媒体通过声誉机制发挥公司治理作用的两个前提条件[戴克、津加莱斯(Dyck and Zingales),2004;戴克等(Dyck et al.),2008]。

此外,克雷文、马斯顿(Craven and Marston,1997)的研究表明,媒体在市场中通过传递信息和进行外部监督发挥作用。阿曼(Aman,2013)通过研究日本资本市场股价的涨跌与媒体报道的关系,证实了媒体关注可以激发强烈的市场反应。

2.国内研究

国内对媒体监督的研究相对较晚,近年来随着我国媒体市场的发展,学者们也开始关注并开展媒体监督与治理方面的研究。目前,国内学者已经对媒体监督问题开展了卓有成效的研究,并取得了较为丰富的成果。

贺建刚等(2008)以五粮液集团有限公司与上市公司进行的关联交易为研究对象,研究分析发现市场纠正机制的约束包括媒体监督机制在内,并不能有效改善或者缓解五粮液集团有限公司进行利益输送的行为。该研究也拉开了国内有关媒体监督治理作用研究的序幕。

媒体对公司治理的作用受到了国内学者的广泛关注。李培功、沈艺峰(2010)的研究发现,媒体曝光能够促进企业改正违法违规行为,从而维护投资者的权益,发挥公司治理的积极作用。杨德明、赵璨(2012)也发现,媒体在公司治理中发挥了一定的监督职能,公司高管的天价薪酬等薪酬乱象容易被媒体当作负面新闻来曝光。醋卫华、李培功(2012)进一步指出,媒体并非"沉默无语",而是扮演着监督者的角色,发挥着重要的监督治理职能。彭桃英、汲德雅(2014)的研究同样表明,媒体监督会对高管行为起到明显的规制作用。曾焱鑫(2014)也得出了类似结论。该研究发现媒体监督能够通过降低被曝光公司的内源融资能力、增大外部融资需求,降低公司的信用和声誉,显著增大对公司的融资约束,从而发挥规范公司行为的公司治理作用。孔东民等(2013)还认为,媒体监督对中国上市公司行为的各个层面上都起到了显著的监督治理作用。李培功、沈艺峰(2010)进一步指出,不同类型或特征的媒体所具有的公司治理作用不同。市场导向性媒体比政策性媒体可以发挥更好监督作用,而且媒体的监督功能可以通过行政机构的介入实现。杨德明、赵璨(2012)的研究结论支持了此观点。

对于媒体发挥治理作用的路径,国内学术界并未得出统一的结论。主流观点(张烨,2009;李焰、秦义虎,2011;杨德明、赵璨,2012)认为,媒体是通过经理人市场的声誉机制发挥公司治理作用的。李培功、沈艺峰(2010)则认为,由于我国并不存在经理人市场声誉机制存在的前提——私有产权和成熟的经理人市场,我国媒体的监督作用主要是通过行政机构介入实现的。而于忠泊等(2012)研究发现,媒体关注通过影响资本市场而发挥外部公司治理的功能。王恩山、戴小勇(2013)指出,媒体监督通过信息传递机制发挥公司治理效用。彭桃英、汲德雅(2014)则认为,企业外部的媒体监督与内部管控机制共同作用于公司治理,降低公司管理层的代理成本。

媒体监督不仅可以作用于公司治理方面,还在规范公司管理层及会计行为、审计等方面发挥着积极作用,从而影响公司的代理成本与公司绩效。吴超鹏等(2012)的研究表明,媒体监督对公司高管的更换频率有显著影响。戴亦一等(2011)深入分析后发现,媒体曝光的负面新闻在一定程度上降低了财务不规范行为的发生几率。权小锋等(2010)提出,媒体监督可以抑制盈余操纵行为的发生。余玉苗等(2013)指出,媒体监督在审计治理方面发挥了独特的功效。翟胜宝等(2015)认为,媒体监督可以有效地管控我国上市公司的管理层在职消费行为,从地域上看东部比中西部监督效果更显著。

同时,梁红玉等(2012),罗进辉、万迪昉(2009),叶勇等(2013)的研究表明,媒体监督作为一种公司外部的监督机制可以促进公司内部治理机制发挥作用,从而降低代理成本。该研究也再次证明,媒体的关注会降低代理成本。姚益龙等(2011)研究发现,媒体监督可以通过经营、会计行为以及公司治理等途径,显著影响公司的业绩,媒体监督与公司绩效之间呈现 U 型关系。于忠泊等(2012)进一步指出,媒体的关注加剧了市场对盈余的反应。李常青、熊艳(2012)同样认为,媒体监督作为公司治理的补充或替代手段,大大提高了市场效率。

总体而言,目前国内外学者已经普遍认可有关媒体监督对公司治理的效应,并取得了经验证据的支持。然而,我国目前正处于经济转型时期,政府、法律和市场的纠偏机制尚不能有效制约公司的某些行为,媒体能否作为一种有效的市场纠正机制缓解或改善公司治理问题、提升公司绩效仍需进一步探讨。正如周文然(2013)曾指出的,在我国目前的资本市场环境下,媒体关注体现出一定的监督作用,但未必能发挥治理公司的效应。

(三) 文献述评

目前,对于在职消费的研究主要集中于从公司内部治理角度来研究公司高管的在职消费行为,很少从市场层面的治理机制加以论述和探讨。随着媒体,尤其是新媒体的快速发展,企业的外部监督机制已经发生了显著变化,因此从媒体对公司高管在职消费的监督和制约角度出发,寻求建立规范公司管理层在职消费行为的新途径显得十分必要。

媒体监督是保护投资者权益的一种新兴的重要方法[戴克等(Dyck et al.),2008],媒体监督作为公司外部治理机制的作用也已经被国内外学者所证实,能够对公司高管的薪酬乱象等不规范行为起到很好的治理效用。近来已有学者开始对媒体监督与高管在职消费之间的关系进行研究探讨,但随着新媒体的快速发展,媒体结构和媒体力量正在发生显著而巨大的变化,在新媒体崛起的背景下,有必要将媒体监督与公司高管在职消费之间的关系做进一步的探讨和研究,以进一步明确媒体对在职消费的影响,此影响得以实现的路径和传导机制以及由此带来的经济后果,从而丰富理论与实务界对媒体力量的认识,在拓展和深化在职消费研究的同时,推动传统媒体与新媒体、公司内部治理因素与外部治理因素的融合。

二、媒体监督制约在职消费的理论基础

（一）公司治理理论

首次提出公司治理理论（corporate governance theory）[1]的是伯利、米恩斯（Berle and Means，1932）。该理论提出的前提是公司的控制权与所有权完全分离，二者没有交集。从经济效益的角度来看，所有权与控制权相分离能够使股东从中获得比之前更多的经济收益和可以另作他用的更多的时间和精力，但这样做也会产生一些不良的后果和影响。当公司的经营权和管理权不再直接归属于所有者时，为避免自身利益受到损害，作为委托人的所有者便会对作为代理人的管理者的经营管理状况和业绩进行严格的监督管理，进而引发出一个新的问题，即公司如何才能平衡经营者监督和激励之间的关系，找到两者的平衡点。事实上，公司治理不是一个单独的概念，而是一个综合、复合的概念。它涉及公司管理的许多方面，不是用一个简单的术语就能够精确表述的。一般而言，可以从狭义和广义两个角度对公司治理的内涵进行深入阐释。

从狭义角度讲，公司治理主要指公司从自身利益出发，对经营管理者采取职责划分的方式加以监管。威廉森等（Williamsonet et al.，1975）是该观点的提出者。詹森、梅克林（Jensen and Meckling，1976）在对有效并妥善解决所有者和经营者之间矛盾的方法进行研究后强调指出，将两者的利益趋同是一个值得称赞的方法。法马、詹森（Fama and Jensen，1983）对于如何在两权分离情况下解决委托代理问题提出了较为有效的方法。施莱费尔和维

---

[1]　参见 A.A.Berle，G.C.Means，"The Modern Corporation and Private Property"，*Macmillan*，Vol.20，No.6（1933），pp.25-49。

什尼(Shleifer and Vishny,1997)提出了"股东优先理论",认为公司治理的本质目标是确保利益相关者能够实现更多的收益。

从公司治理理论长久的发展历程来看,在其发展的初期,公司治理理论大多都属于偏狭义的类型。然而,随着研究的不断深入和发展,公司治理理论变得越来越完善、越来越宽泛。越来越多的学者逐渐认识到在所有者和经营者之间存在着诸多的冲突,而利益上的冲突只是其中之一。此时,狭义上的公司治理理论开始变得不能满足研究的需要,进而推动了广义公司治理理论的诞生。

从广义角度讲,公司治理理论涉及除所有者与经营者之外的众多的利益相关者,也正因为如此,广义公司治理理论又被称为"利益相关者共同治理理论"。广义公司治理理论进一步扩大了利益保护者的范围,从最初的投资者延伸至员工、客户等众多的其他的利益相关者,以便将相关各方的利益冲突和矛盾降到最低。1983 年,弗里曼、里德(Freeman and Reed)在对前人理论进行回顾梳理和研究分析的基础上,提出了一个全新的理论——利益相关者理论。这一理论强调在公司的治理过程中,要兼顾所有者、债权人、供货商、职工、政府、社区等公司各方面利益相关者的利益。青木昌彦、钱颖一(1995)进一步提出,公司治理是一种制度,也是一种理论,它的用途之一就是协调公司与其众多利益相关者之间的关系,将相关经济利益尽可能地分配给各利益主体。布莱尔(Blair,1995)则认为公司治理理论是一种与公司权属分配有关联的机制,它可以将公司与其利益相关者之间复杂的利益关系进行有效协调,进而推动利益相关者实现各自利益的最大化。

发展至今,尽管公司治理理论已日趋成熟和完善,但学者们依然没有停止对该理论的深入研究与探索。在实务发展方面,尽管世界各国在具体制度的内容和范式上存在着显著的差异,但绝大多数国家,包括我国在内,都制定了有关公司治理的严格的法律法规和制度规范,尤其注重对投资者权益的保护。早在 2007 年,郑志刚就提出,对公司治理进行改善和对企业发展进行促进的关键点就是建立健全法律制度。① 因此,我们需要深入挖掘和开发新的路径来加强公司治理,而其中较为有效和便捷的方法之一就是利用媒体进行监督。

(二) 委托代理理论

在企业发展的初期阶段,企业的所有权与经营权都集中在企业所有者手中,经营者和所有者在利益目标和发展方向方面是协调统一的,即二者都致力于实现公司价值的最大化。此时,严重困扰现代企业制度的委托代理问题在这一段时期不会存在。然而,随着企业规模的扩大和企业经营的日益复杂,企业所有者已无法完全掌控日渐复杂和庞大的公司业务管理,需要专业的经营管理人士的帮助,此时职业经理人应运而生,企业的所有者与职业经理人之间便相应产生了一种新的关系——委托代理关系(principal-agent relationship),所有者是委托人,经理人是代理人。在现代企业管理中,委托人与代理人是截然不同的两种身份,也有并不完全相同的个人利益目标和期望。一方面,委托人谋求企业价值的最大化,并将对公司发展的终极希望都寄托在代理人身上,代理人也成为公司实际的控制人;另一方面,代理人谋求个人利益的最大化,且没有权利来分享自己的经营管理所取得经营成果的剩余索取权,而只是获取薪酬契约中约定的报酬和福利。因此,代理人有动机也有机会利用自身的职务之便假公济私、侵占公司财产,或对工作不积极、消极对待等。尤其在我国往往存在着"报喜不报忧"的惯例,这也使得代理人的机会主义行为更加普遍。

在所有者与经营者形成的委托代理关系中,委托人和代理人之间存在严重的信息不对称。代理人因为参与公司的日常经营管理而有无法比拟的信息优势,委托人则因不直接参与公司经营而无法精确掌握公司及其代理

---

① 　郑志刚:《法律外制度的公司治理角色——一个文献综述》,《管理世界》2007 年第 9 期。

人行为等方面的信息。此外,委托人对公司聘用的代理人的综合素质、战略眼光、风险偏好等也无法百分百地事先了解和掌握,而只能通过与代理人在薪酬激励方面签订的相关协议来减少两者之间因利益目标不一致而产生的负面影响,但依然无法消除二者之间存在的委托代理问题。实际上,无论采取何种形式的监督或激励,委托代理问题都无法彻底消除,几乎所有掌握公司经营管理大权的董事会、公司高管都会有选择性地向公司所有者提供有关公司经营管理及其业绩的信息,有时甚至是虚假信息。

1976 年,詹森、梅克林(Jensen and Meckling)首次提出了"代理成本"(agency costs)的概念,认为代理成本包括为设计、监督和约束利益冲突的委托人和代理人之间的一组契约所必须付出的成本,加上执行契约时成本超过利益所造成的剩余损失;强调应切实减少代理人在经营管理企业时不够努力、对公司价值产生损害的可能性;委托人需要与代理人签订相关协议,以便在代理人不能履行工作职责甚至发生损害公司利益的行为时让其为此付出高昂的代价。

在我国,所有者与经营者之间的委托代理关系引发了许多问题,其中之一便是企业高管的过度在职消费问题。一方面,高层管理者可以借助自己所拥有较高的职位和与之相适应的更大的权力来为自己谋求更多的利益,进行在职消费、利用公款来满足自身需求就是一种实现高管自身利益最大化的重要手段;另一方面,我国还没有对在职消费应归属的会计核算科目进行明确的规定,这就导致管理者经常会把在职消费支出一并归入管理费用或销售费用中。这种处理方法也使得在职消费较为隐蔽、不容易被企业发现,也不容易被企业外部的监管机关所察觉。二者无疑会导致委托人与代理人之间的矛盾进一步激化和升级。

(三) 媒体有偏论与治理论

如前文所述,媒体报道具有监督功能,并在监督公司行为、提升公司治理水平方面发挥着重要作用。对此作用做出有力解释的便是媒体有偏论和媒体治理论。

　　媒体致力于实现自身效益的最大化,这是媒体有偏论的核心。为实现这一目标,媒体往往更倾向于报道娱乐新闻或具有轰动效应的新闻[詹森(Jensen),1979;根茨科、夏皮罗(Gentzkow and Shapiro),2006;科尔等(Core et al.),2008]。为获取最大的经济与社会效益,所有的媒体公司都对市场关注的热点了然于胸。在这样的大背景下,媒体难免会进行有偏的报道,其新闻也难免会存在主观判断和片面轰动性效应。即便这样,媒体新闻报道存在的一些偏差并不会妨碍、影响读者对于信息的获取,因为正如穆来纳森、施莱费尔(Mullainathan and Shleifer,2005)所指出的,读者会自行有效地整合从不同渠道所获取的信息,并从其中筛选出他们认为较为准确的信息。同时,读者们也会针对正确信息的来源来评价媒体报道的真实性并打出相应的分数。在这种方式下,在赢得读者信赖的同时还能获取更大效益的媒体便是那些如实报道的媒体,这种方式也激励了媒体进行客观公正的新闻报道。

　　根据媒体有偏论,那些更具有社会轰动效应、能够引起社会公众广泛关注的新闻会使新闻媒体更为聚焦和关注,而企业高管的在职消费则是一个一直以来都具有轰动效应、能够引起社会各界高度关注的焦点话题。一旦某一媒体爆出了涉及巨额在职消费的新闻,便会立刻博得广大读者的眼球,引起社会各界的热议,相关监督管理部门也会很快介入调查,并根据案件的严重程度采取不同的惩治力度。不仅如此,目前媒体市场中的大小媒体多如牛毛,竞争异常激烈,各家媒体为了吸引更多读者、站稳市场,都会竭尽全力不断挖掘具有震撼力和影响力的新闻,以大幅提升自家媒体产品的销量,增加新闻网页的点击率。因此,面对高管在职消费这一热点话题,各家媒体都会高度关注,并投入大量的人力、物力、财力,以充分挖掘在职消费丑闻的素材并以最快的速度对其进行整理报道。

　　根据媒体治理论,媒体是一种较为有效的信息中介[布希等(Bushee et

al.),2010],媒体会对上市公司的丑闻以及不当行为进行迅速的报道[米勒(Miller),2006],进而通过两种方式推进公司治理制度的完善:一种是对上市公司的负面新闻进行报道,引导舆论关注和讨论的方向,另一种是对经理人的声誉产生影响。

近年来,我国的反腐力度不断加强,过度在职消费与高管腐败的差别日趋缩小,人们越来越多地将二者联系在一起,而媒体的职责就是发现社会热点问题,并通过跟踪报道挖掘和披露事实真相。因此,媒体会持续关注并发掘上市公司在过度在职消费方面的负面新闻,从而在更大程度上发挥其对公司高管不正当行为的监督与约束作用。

三、媒体监督制约在职消费的理论分析与假设提出

(一) 媒体监督对在职消费的影响

公司可以通过设计和实施有效的内外部治理机制对管理层进行监督和激励。然而,任何一种治理机制都不可能解决所有的问题,要受到诸如股权结构不合理、所有者缺位、法律法规不完善等公司治理缺陷的困扰。而这些缺陷之所以存在,大多是因为公司自身制度和机制的不完善。如果公司及其管理层并不想改变这一状况的根本,外界也没有办法去干预或解决。此种情形下,在过度在职消费所带来的高额代理成本面前,如何才能保护投资者的利益呢?

本研究认为,媒体监督对高管在职消费存在着重大影响,对高管的在职消费行为能够起到规范和约束作用,因为媒体对关于高管过度在职消费的新闻具有深入挖掘和跟踪报道的动机与热情。首先,媒体作为独立经济实体只能通过实现盈利来维持正常运转,盈利是媒体获得长足发展的前提和基础,而媒体能够实现盈利的前提是其在公众中拥有良好的声誉(喻国明,

2009）。根据媒体治理论,只有当媒体对社会问题、公司治理问题切实发挥监督治理作用时,媒体的声誉才会提升,盈利状况才会转好。其次,根据媒体有偏论,媒体需要创造或传播敏感性事件,吸引受众的关注和阅读兴趣,进而实现盈利(游家兴、吴静,2012)。能够引起公众极大关注的社会热点话题之一便是高管在职消费,因为其可以达到公众和媒体的双重要求,既能在一定程度上满足受众的关注需求,又能满足媒体追求轰动效应的偏好。因此,媒体对于企业高管的过度在职消费行为会主动出击、积极关注和挖掘,并以此为素材进行报道。由此,提出假设 H1。

H1:媒体监督能够显著抑制公司高管的在职消费行为。

(二) 产权性质对媒体监督与在职消费关系的影响

根据声誉制度理论(theory of reputation system),良好的职业声誉能够使企业家在经理人市场上的博弈能力有所增强,也能够对企业家的个人行为产生正向的激励作用;相反,如果企业家的声誉差,其职业经理人的生涯便会因此而黯淡甚至结束,因此,声誉能够很好地约束企业家的机会主义行为。然而,现阶段我国还处于经济转轨时期,市场经济仍不完善,经理人市场也不成熟,不同性质企业中的经理人便具有了各自不同的职业发展方向、目标与晋升之路,对个人声誉的态度也会有所差异。

在国有上市公司中,经理人的升迁主要是政治晋升,因此,他们会更加关注自己的政治生涯,而不太关注有可能影响自己声誉的媒体报道事件。即使公司或其个人遭遇了负面报道,他们也会借助国有企业特殊的政治与经济背景,以及较非国有企业更为广泛的媒体与社会关系等,将此报道的负面影响控制在最小范围内,而不是直接对此新闻给出正面积极的回应。此外,大多数国有上市公司的组织结构都比较复杂,决策链条长、决策速度慢,即使想要积极回应媒体的负面报道也需要经过董事会、总经理等的层层审批才能通过并实施,媒体报道涉及的不规范行为也就难以在短时期内被迅速纠正。与之形成鲜明对比的是,非国有上市公司的经理人出于企业融资便利以及个人职业发展的长远考虑,会更加重视自己在经理人市场中的声誉,也就更有动机、更为积极、快速地应对媒体的负面报道,从而使媒体报道的公司治理作用更为快捷和有效。杨德明(2011)经过研究发现,非国有上市公司下一年审计意见的改善会因媒体的负面报道而受影响,但是国有上市公司却不受这种影响,表明媒体报道对国有和非国有上市公司的治理作用确实存在差异。李焰、秦义虎(2011)也指出,媒体可以通过声誉机制发挥治理作用,但是不同性质的上市公司管理层对媒体负面报道做出的反应各不相同。由此,提出假设 H2。

H2:相对于国有企业,媒体监督对非国有企业过度在职消费的抑制作用更为显著。

(三) 媒体背景对媒体监督与在职消费关系的影响

随着各类媒体的快速发展,媒体数量日益增加,竞争也日趋激烈。无论是传统媒体如报纸、广播、杂志等,还是新兴媒体如互联网等,为了生存和发展,都必须抢先报道能够博人眼球的新闻,以提升报道的新闻价值,达到提升自身阅读量、点击率等目的。休斯顿等(Houston et al.,2011)总结认为,一篇有价值的新闻应该具备以下特征:具有争议性、个性化、新颖、持续关注性、实际具体。

目前,选择发行量大的报纸作为媒体的代表是大多数学者的选择。因为尽管电视、互联网等新媒体的时效性更快、涵盖范围更广,但其中充斥着大量的不实新闻,从中搜索得到的数据也难以辨别其真实性。因此,本研究选用中国知网报纸数据库中的动态更新数据来收集有关媒体的信息,进一步提高研究数据的准确性。

根据媒体的不同背景,可以对报纸的类型做进一步细分。米勒(Miller,2006)就曾指出,市场导向的报纸在推动公司治理方面相比政策导向的报纸能够发挥更大的作用。究其原因,以市场为导向的报纸会面对更为激烈的市场竞争压力,为了保持其原有的市场占有率并在可能的情况下提升此比率,报纸在报道内容的选择上会更多地关注公众热点问题,以便获得更大的阅读量。即便如此,政策导向的报纸也不是毫无优势。此类报纸曝光的各种负面新闻可以迅速地引起各级监管部门的关注。同时,政策导向的报纸普遍存在较为浓郁的官方色彩,一旦曝光某一企业或其高管的负面新闻就会引起该企业产生极大的震慑作用。但由于可以涉及的层面有限,政策导向型报纸报道的时效性相对较差,不及市场导向型报纸的覆盖面广。也正因为如此,本章借鉴中国知网报纸数据库的报纸分类方法,将报纸分为中央级报纸和地方级报纸大两类,并进一步提出假设 H3。

H3:相对于中央级报纸,地方级报纸的负面报道对在职消费的监督作用更为显著。

四、媒体监督制约在职消费的研究设计

(一) 样本选择与数据来源

本研究选取数据的样本来源于沪深两市上市公司 2010 年至 2014 年发布的年报,研究所用数据共由三部分构成:(1)媒体负面报道次数,通过手工收集和定制得到;(2)在职消费数据,根据“第二章　在职消费的计量”中模型(2-1)的回归结果得到;(3)其他与上市公司相关的公司治理数据、财务数据、会计信息数据等,如两职兼任、管理层结构、管理层规模、营业收入、资产负债率等,均通过深圳国泰安数据库下载。以上述数据为基础,对所有获得的数据进行筛选,剔除不存在过度在职消费的公司,金融、保险类上市公司,业绩较差的 *ST 和 ST 公司,以及相关数据缺失的公司。

按照如上所述的标准,筛选后总共得到 3973 个观测值,其中 2010 年

753 个、2011 年 783 个、2012 年 1013 个、2013 年 1056 个、2014 年 368 个。实证分析应用的统计软件主要为 Stata 12.0。

（二）变量设计

本章的研究共涉及三类变量:被解释变量、解释变量和控制变量。

1. 被解释变量

本章的被解释变量为在职消费,且主要指狭义的在职消费,即过度在职消费。具体根据"第二章　在职消费的计量"中在职消费合理水平的计量模型(模型 2-1)的计量回归结果得到,并作为在职消费的替代变量。

2. 解释变量

本章涉及三个解释变量:媒体监督、媒体背景及产权性质。

（1）媒体监督

考虑到目前网络等新兴媒体虽有超越传统媒体之势,但在数据可得性和可靠性等方面逊于报纸,因此本章的主检验用报纸上有关上市公司在职消费的负面报道次数加 1 后作为媒体监督的替代变量。

首先,通过手工收集的方式收集媒体监督数据。具体来说,在中国知网(CNKI)报纸数据库中,收集 2010 年至 2014 年我国上市公司的所有新闻报道,然后根据关键词筛选出有关在职消费的负面报道。之所以选择中国知网(CNKI)报纸数据库,是因为该数据库收录了国内多达 500 多种在生产生活中占有重要地位的报纸,包括《人民日报》《金融时报》《中国证券报》《经济日报》《经济参考报》等自 2000 年以来刊载过的所有新闻报道,内容涵盖范围广、内容全。

为确保被选中的负面报道的确由过度在职消费引起、是针对过度在职消费进行的专门报道,本研究摒弃了根据新闻标题中涵盖负面字眼来进行判断的传统方法,事先反复斟酌并确定与过度在职消费紧密联系的关键词,包括行贿、受贿、被查、整改、约谈、离职、失联、腐败、资产流失、违规招标、财务费用、灰色带、隐秘、报销等,然后对此类关键词进行初步筛选,以降低主观判断带来的不确定性和随意性。以此为基础,根据报道的全文进行进一步确认,并委托专人对筛选结果进行交叉验证,以确保媒体报道的负面新闻与在职消费的关联度更高,并消除二者的内生性,提高数据的精确度。此外,为了提高媒体监督数据的可信度,本研究还委托专业的数据公司进行媒体监督数据的定制,用于进行稳健性检验,以提高研究结果的稳健性。

（2）媒体背景

在媒体背景的分类方式方面,本研究借鉴中国知网报纸数据库中报纸的分类方法,将报纸分为中央级与地方级两类。其中,中央级报纸有154家,包括《光明日报》《人民日报》等;地方级报纸有450家,包括《首都建设报》《北京日报》等。

由于不同报纸对同一事件报道的时间不尽相同,本研究以最先报道的报纸的性质来设计虚拟变量。如果最先报道的报纸性质属于地方级则赋值为1,否则赋值为0。

（3）产权性质

本研究依据公司最终控制人的性质来界定公司的产权性质。若该公司的最终控制人是国家机构或者国有企业,那么这家公司就归属于国有上市公司,反之则是非国有上市公司。

3. 控制变量

本章的控制变量主要包括:高管货币薪酬、两职兼任、第一大股东持股比例、董事会规模、独立董事比例、公司规模、公司成长性、财务杠杆、公司管理层的持股比例、总资产净利率、公司所属行业、年度等,有关数据均来自深圳国泰安数据库。

表3-1列出了本部分的主要变量。

表 3-1　主要变量汇总表

变量	名称	符号	定义
被解释变量	在职消费	OPerks	过度在职消费
解释变量	媒体监督	Media	媒体负面报道次数(NMC)加 1 后的自然对数
	产权性质	SOE	虚拟变量。国有企业为 1,否则为 0
	媒体背景	Background	最早报道负面新闻的报纸类型若为地方级报纸则为 1,否则为 0
控制变量	高管货币薪酬	LnMpay	高管货币薪酬总和的自然对数
	两职兼任	Dual	虚拟变量,当总经理和董事长是同一人时为 1,否则为 0
	股权集中度	T1	第一大股东持股比例
	董事会规模	DS	董事会人数
	独立董事比例	Ind	独立董事人数与董事会人数之比
	公司规模	Size	期末总资产的自然对数
	公司成长性	GR	当年销售收入/上年销售收入
	财务杠杆	Lever	资产负债率,等于期末负债总额/期末资产总额
	高管持股比例	Mshare	高管持股数/公司总股数
	总资产净利率	ROA	净利润/平均总资产
	行业	Industry	设 12 个行业哑变量
	年度	Year	设 4 个年度哑变量

(三) 模型构建

1. 媒体监督影响在职消费的模型

为验证媒体监督是否对在职消费产生影响,本部分以在职消费 (OPerks)为被解释变量,媒体监督(Media)为解释变量,控制变量数据如表

3-1 中所示,构建实证检验模型(3-1):

$$OPerks_{i,t} = \beta_0 + \beta_1 Media_{i,t} + \beta_2 LnMpay_{i,t} + \beta_3 Dual_{i,t} + \beta_4 T1_{i,t} +$$
$$\beta_5 DS_{i,t} + \beta_6 Ind_{i,t} + \beta_7 Size_{i,t} + \beta_8 GR_{i,t} + \beta_9 Lever_{i,t} +$$
$$\beta_{10} Mshare_{i,t} + \beta_{11} ROA_{i,t} + \varepsilon_{i,t} \qquad 模型(3-1)$$

其中,OPerks 利用模型(2-1)回归得到,对应模型中残差为正的样本。

如果媒体负面报道能够有效约束在职消费,那么变量 NMC 前的系数 β_1 会呈显著的负数。

2. 产权性质影响媒体监督和在职消费的模型

为检验产权性质不同能否对媒体监督与在职消费的关系产生影响,将在职消费(OPerks)作为被解释变量,企业产权性质(SOE)作为解释变量,控制变量数据如表 3-1 中所示,构建模型(3-2):

$$OPerk_{i,t} = \beta_0 + \beta_1 Media_{i,t} + \beta_2 SOE_{i,t} + \beta_3 Media_{i,t} \times SOE_{i,t} +$$
$$\beta_4 LnMpay_{i,t} + \beta_5 Dual_{i,t} + \beta_6 T1_{i,t} + \beta_7 DS_{i,t} + \beta_8 Ind_{i,t} +$$
$$\beta_9 Size_{i,t} + \beta_{10} GR_{i,t} + \beta_{11} Lever_{i,t} + \beta_{12} Mshare_{i,t} + \beta_{13} ROA_{i,t} + \varepsilon_{i,t}$$
$$模型(3-2)$$

如果相对国有企业而言,媒体的负面报道针对非国有企业具有更强的监督和约束效果,那么交互项(Media×SOE)的系数 β_3 会显著为负。

此外,在对实证结果的稳健性进行检验时,可依据产权性质的不同划分样本,进而带入模型(3-2)对假设 H2 进行分样本检验。通过比较两类分样本媒体监督前系数的绝对值的大小和方向,检验假设 H2 是否成立。如果相对国有企业而言,媒体负面的报道对非国有企业的监督作用更强,那么两类分样本的媒体监督指标前系数均为负值,且非国有样本前系数的绝对值则会明显大于国有样本。

3. 媒体背景对媒体监督和在职消费关系的影响模型

为检验媒体背景不同是否会引起媒体监督对在职消费影响的差异,将在职消费(OPerks)作为被解释变量、媒体背景(Background)作为解释变量、控制变量数据如表 3-1 中所示,构建模型(3-3):

$$OPerks_{i,t} = \beta_0 + \beta_1 Media_{i,t} + \beta_2 Background_{i,t} + \beta_3 Media_{i,t} \times Background_{i,t}$$
$$+ \beta_4 LnMpay_{i,t} + \beta_5 Dual_{i,t} + \beta_6 T1_{i,t} + \beta_7 DS_{i,t} + \beta_8 Ind_{i,t}$$
$$+ \beta_9 Size_{i,t} + \beta_{10} GR_{i,t} + \beta_{11} Lever_{i,t} + \beta_{12} Mshare_{i,t}$$
$$+ \beta_{13} ROA_{i,t} + \varepsilon_{i,t} \qquad\qquad 模型(3-3)$$

如果相对于中央级报纸而言,地方级报纸的负面报道对在职消费的影响更大,则交互项前的系数 β_3 会显著为负。

此外,在稳健性检验中,依据报纸性质进行分样本的划分,进而检验假设 H3 成立与否。具体来说,首先根据该负面新闻被首次曝光的媒体性质,全部样本按照中央级报纸样本(简称中央级样本)和地方级报纸样本(简称地方级样本)进行分类,然后分别带入模型(3-3)中进行检验。如果与中央级报纸相比,地方级报纸关于在职消费的负面报道有更大、更及时的影响,那么地方级样本中媒体监督系数的绝对值就会远远高于中央级样本的媒体监督系数。

五、媒体监督制约在职消费的实证结果与分析

(一) 描述性统计

根据"第二章 在职消费的计量"中模型(2-1)的回归结果,从中筛选得到残差为正数的样本,即存在过度在职消费的样本,总计 3973 个,表 3-2 反映了模型(3-1)中所有变量的描述性统计结果。

如表 3-2 中所示,在职消费的最大值为 4.035,最小值为 0.001,前者是后者的 4035 倍,说明虽然这些样本公司都存在过度在职消费,但过度在职消费的规模却存在着较大的差异。同时,媒体负面报道次数的最大值为 52,最小值为 0。从独立董事比例、两职兼任、管理层持股比例、股东持股比例、高管货币薪酬等控制变量来看,不同的上市公司间也存在着差异,这些

差异的存在都会对企业的在职消费产生不同程度的影响。

表 3-2 主要变量的描述性统计（N = 3973）

变量	最大值	最小值	均值	标准差
OPerks	4.035	0.001	0.582	0.467
NMC	52	0	11.058	10.886
LnMpay	14.382	8.758	12.436	0.770
Dual	1	0	0.291	0.454
T1	87.840	10.620	28.256	14.745
DS	17.000	5.000	8.701	1.510
Ind	0.667	0.250	0.373	0.056
Size	26.149	16.561	21.950	1.748
GR	6.022	−0.350	0.549	2.787
Lever	0.876	0.052	0.448	0.212
Mshare	0.874	0.000	0.164	0.462
SOE	1	0	0.401	0.490
ROA	0.252	−0.015	0.047	0.048

（二）相关性分析

本研究主要变量间的相关系数,见表 3-3。

根据表 3-3,各个解释变量的 Pearson 相关系数的绝对值基本都集中于 0—0.5 的区间范围内,由此说明不同的解释变量间多重共线性并不严重。媒体负面报道的被解释变量与在职消费间负相关关系明显,初步证明假设 H1 成立。

表 3-3　Pearson 相关性分析（N = 3973）

变量	OPerks	Media	LnMpay	Dual	T1	DS	Ind	Size	SOE	GR	Lever	Mshare	ROA
OPerks	1												
Media	-0.464***	1											
LnMpay	-0.310*	0.276***	1										
Dual	0.038***	-0.023***	0.019**	1									
T1	-0.473***	0.451***	0.148**	0.039***	1								
DS	0.231**	-0.215**	-0.039**	-0.130**	-0.099***	1							
Ind	-0.041**	0.037**	-0.003	0.113*	0.041**	-0.487**	1						
Size	0.096***	0.081***	0.247***	-0.066**	-0.089***	0.111***	0.001***	1					
SOE	-0.325***	0.456***	-0.379***	-0.158***	-0.123***	0.096**	0.078***	0.157**	1				
GR	0.049**	-0.040**	0.013***	0.021***	-0.004	-0.068***	0.047**	-0.030***	-0.074***	1			
Lever	0.090**	0.091***	0.024**	-0.074***	-0.106**	0.108**	-0.059***	0.517***	-0.234**	-0.043***	1		
Mshare	-0.081**	0.072**	0.065*	0.189***	0.009**	-0.009	0.051***	-0.098***	-0.014***	0.006***	-0.200***	1	
ROA	0.287***	-0.257*	-0.091**	-0.008*	-0.126**	0.080**	0.008***	0.053**	-0.021*	0.006***	0.007***	-0.020***	1

（三）回归结果与分析

模型（3-1）、模型（3-2）、模型（3-3）的回归结果见表3-4。

表 3-4 回归结果（N=3973）

变量	模型（3-1）	模型（3-2）	模型（3-3）
Media	−0.028*** (−34.26)	−0.014*** (−12.29)	−0.017*** (−16.42)
SOE		−0.191*** (13.65)	
Media * SOE		−0.021*** (−10.28)	
Background			0.476*** (14.87)
Media * Background			−0.018*** (−8.79)
LnMpay	−0.090*** (−6.82)	−0.116*** (−10.64)	−0.091*** (−6.81)
Dual	0.015** (−2.14)	0.018** (2.01)	0.023** (2.28)
T1	−0.045*** (−3.46)	−0.037*** (−2.89)	−0.059*** (−3.62)
DS	0.007** (1.98)	0.009** (2.48)	0.011** (2.59)
Ind	−0.015* (−1.88)	−0.009* (−1.91)	−0.025** (−2.15)
Size	0.036*** (3.21)	0.045*** (5.56)	0.0423*** (5.22)
GR	0.006*** (2.99)	0.004*** (3.22)	0.003*** (2.87)
Lever	−0.111** (−2.11)	−0.084* (−1.68)	−0.118*** (−2.73)

续表

变量	模型(3-1)	模型(3-2)	模型(3-3)
Mshare	-0.012** (-1.98)	-0.015** (-2.34)	-0.005* (-1.75)
ROA	1.510*** (8.3)	0.521*** (2.67)	0.607*** (3.07)
Industry	控制	控制	控制
Year	控制	控制	控制
调整后 R^2	0.52	0.57	0.56

针对假设 H1,根据表 3-4,模型(3-1)证明了媒体监督能够有效降低公司在职消费水平,且在 1% 的水平上显著,表明媒体报道的负面次数越多,对企业高管过度在职消费行为的抑制越有效,从而证明媒体作为公司外部治理因素的重要一环,对高管的在职消费行为能够发挥监督约束作用。

针对假设 H2,从回归结果看,模型(3-2)中交互项(Media×SOE)的系数为-0.021,并在 1% 的水平上显著,说明相对于国有企业,媒体监督对非国有企业在职消费的抑制作用更为显著,从而支持了假设 H2。究其原因可能在于国有上市公司的高管们通常拥有较为丰富的政治背景及人脉,当媒体曝光的负面新闻对其不利时,他们会立即动用其强大的政治背景和人脉关系,掩盖甚至操控与事件有关的负面新闻报道,从而使普通的社会公众,尤其是与公司利益息息相关的群体难以获取有关的负面报道,也就无法采取有助于监督约束国企高管在职消费行为的举措;反之,在激烈的职业经理人竞争压力之下,非国有企业的高层管理人员更多地关注自身的名誉并努力维护。一旦曝光了他们在职消费的负面新闻,他们往往会迅速做出反应,及时约束自身行为,以避免这些负面新闻影响自己未来的职业规划及长远发展。

针对假设 H3,从回归结果来看,模型(3-3)中交互项(Media×Background)的系数为-0.018,并在 1% 的水平上显著,说明地方级报纸报道上市公司在职消费的负面新闻相比中央级报纸速度更快,时效性更强,证明了假设 H3 成立。这可能是因为相对于中央级报纸,地方级报纸在报道源头上更贴近基层和社会公众,在报道内容上更具灵活性和自由度,相比于中央级报纸而言,在采集、整理、决策、刊登等整个过程中所需要的时间更短。

(四) 稳健性检验

参照以往的文献,本部分针对假设 H1,确定了以管理费用扣除低值易耗品摊销、管理层货币薪酬、固定资产折旧、无形资产摊销等项目后的金额余额作为在职消费总额的代理变量并以此检验在职消费估算的稳定性,再进一步使用其中的正向残差以及定制得到的媒体监督数据研究媒体监督是否会影响过度在职消费。回归结果见表 3-5。根据表 3-5,媒体对上市公司的负面报道能够在 1% 的显著性水平上制约过度在职消费。假设 H1 再次得到支持。

表 3-5　假设 H1 的稳健性检验结果(N = 3519)

变　量	系　数
Media	−0.020*** (−10.14)
LnMpay	−0.155*** (−9.97)
Dual	−0.033** (−2.71)
T1	−0.023*** (−2.76)
DS	0.073*** (5.95)
Ind	−1.076* (−1.80)

续表

变量	系数
Size	0.037*** （3.11）
GR	0.076*** （3.97）
Lever	−0.568*** （−7.21）
Mshare	−0.073** （−2.53）
ROA	1.855*** （6.04）
行业	控制
年度	控制
调整后 R^2	0.54

在此基础上,本研究通过分样本检验,提高假设 H2、假设 H3 实证结果的稳健性和准确性。具体结果见表 3-6、3-7。假设 H2、假设 H3 再次得到支持。

表 3-6　区分产权性质的分样本检验结果

变量	国有上市公司	非国有上市公司
Media	−0.018*** （−14.56）	−0.033*** （−16.59）
LnMpay	−0.026** （−2.2）	−0.125** （1.96）
Dual	0.006*** （2.34）	−0.024** （−2.43）
T1	−0.037*** （−3.52）	−0.041*** （−3.73）

续表

变量	国有上市公司	非国有上市公司
DS	0.031*** (7.72)	0.025*** (4.21)
Ind	-0.557*** (-3.64)	-0.125* (-1.75)
Size	0.038*** (4.73)	0.039*** (3.04)
GR	0.013*** (2.94)	0.010** (2.18)
Lever	-0.078*** (-3.39)	-0.171** (-2.44)
Mshare	-0.031** (-2.35)	-0.009*** (-2.74)
ROA	0.712*** (3.28)	0.846*** (2.94)
行业	控制	控制
年度	控制	控制
样本数	1646	1873
调整后 R^2	0.52	0.42

表 3-7 区分媒体背景的分样本检验结果

变量	地方级报纸	中央级报纸
Media	-0.033*** (-11.31)	-0.012*** (-23.26)
LnMpay	-0.034*** (-3.90)	-0.029*** (-3.02)
Dual	0.038** (1.40)	0.017** (1.50)
T1	-0.026*** (-3.35)	-0.035*** (-3.93)

续表

变量	地方级报纸	中央级报纸
DS	0.068 *** (7.95)	0.026 *** (7.94)
Ind	−0.471 ** (−2.11)	−0.544 *** (−4.88)
Size	0.028 *** (3.73)	0.036 *** (3.96)
GR	0.015 *** (2.63)	0.011 *** (3.61)
Lever	−0.878 *** (−8.88)	−0.363 *** (−6.53)
Mshare	−0.018 ** (−1.99)	−0.022 *** (−3.14)
ROA	0.396 *** (4.45)	0.183 *** (3.24)
行业	控制	控制
年度	控制	控制
样本	1944	1575
调整后 R^2	0.50	0.54

六、本章小结

　　本章主要验证了媒体有关上市公司的负面报道对企业高管过度在职消费行为的监督与抑制作用。为了更加深入了解不同企业性质所带来的监督治理作用的差异,本章还从国有、非国有企业上市公司两个方面进行了分样本检验和比较分析。此外,本章还从媒体的背景角度,分别以中央级和地方级报纸为基础检验了不同性质的媒体对上市公司在职消费的不同影响。

　　通过检验,本研究得出以下结论:

1. 媒体报道上市公司的负面新闻可以有效降低企业高管的在职消费水平,且在职消费的降低与媒体负面报道次数的多少呈正相关关系。相应地,媒体可以通过报道与过度在职消费有关的负面新闻来对上市公司的过度在职消费进行有效的监督与约束。

2. 与国有上市公司相比,媒体负面报道对非国有上市公司的在职消费行为约束力更强。这个结论也证明非国有企业的高层管理人员更重视自身的声誉,他们在激烈的市场竞争中,出于对自身未来职业规划及长远发展的重视,对媒体报道的负面新闻的反应速度更快。非国有企业的高层管理人员会在媒体曝光与己有关的负面新闻后进行自我约束,减少因过度在职消费发生的支出。

3. 在报纸背景性质方面,与中央级报纸相比,地方级报纸在报道上市公司负面新闻时更为及时,进而对企业高管的过度在职消费行为发挥更大的监督与治理作用。究其原因,可能是相较于更具知名度和影响力、拥有更大读者群的中央级报纸而言,地方级报纸面对的约束相对较少,在进行新闻报道时也就更具自由度和原创性,同时也因为面临更大的市场竞争压力,因此,有压力也有动力在第一时间挖掘诸如企业高管奢靡在职消费等备受社会公众及各级政府关注的焦点话题进行报道,以吸引更多的阅读者,提高市场占有率。

第 四 章

媒体监督与在职消费黏性

　　媒体监督对在职消费的影响不仅体现在媒体监督能够对过度在职消费行为发挥有效的监督治理作用,推动企业高管减少乃至彻底避免过度在职消费行为的发生,而且体现在对在职消费总额黏性的影响上。本章将在验证在职消费黏性存在的基础上,重点对媒体监督是否能够降低在职消费黏性进行探讨,以丰富和深化媒体监督对在职消费的影响研究。

一、引　言

　　近年来,我国企业高管过度在职消费现象频发,中石化"天价酒"事件、格力集团"酒宴门"事件等均引发了社会各界对高管在职消费行为的广泛关注,在职消费已成为学术界研究的热点话题。

　　万华林(2007)认为,在职消费是一种管理层控制权收益的隐性激励,并且具有双重理论属性。在职消费不仅可以提高公司的组织效率[拉詹、伍尔夫(Rajan and Wulf),2006],也可能损害股东权益,对公司价值产生不利的影响[法马(Fama),1980;陈冬华等,2005]。卢锐等(2008),罗宏、黄文华(2008),冯根福、赵珏航(2012)深入研究后发现,在职消费与企业绩效呈负相关。曾升科等（2015）进一步指出，在我国的上市公司中，管理层在职消费具有黏性（stickiness）特征，也就是说，业绩下降时管理层在职消费的边际减少量小于业绩上升时在职消费的边际增加量，在职消费与企业绩效之间不再是单纯的负相关关系。那么，我国企业高管的在职消费真的存在黏性吗？如果存在，它会因企业产权性质的不同而有所差异吗？

学者们不仅对在职消费的影响因素进行了深入研究，也深入研究了在职消费的规范和治理。相关的研究发现，市场层面的薪酬管制（陈冬华等，2005）、公司层面的高管薪酬与管理层持股（冯根福、赵珏航，2012）、股权结构（陈冬华等，2010）、管理层权力（权小锋等，2010），均对在职消费产生影响。在此过程中，媒体的舆论引导与监督作用日益显现，其能够使信息不对称程度得到缓解，进而促使企业修正自身的违规违法行为、逐步完善公司治理的作用日益被人们认识和关注[戴克等（Dyck et al.），2008；李培功和沈艺峰，2010]。耿云江、田旗（2015），翟胜宝等（2015）认为，媒体能够规范在职消费行为，削弱其对企业绩效的负面影响。那么，媒体能够对在职消费黏性产生影响、进而规范和治理在职消费吗？此作用会因企业产权性质的不同而不同吗？

本研究基于产权视角，重点对我国上市公司高管在职消费黏性特征的存在性、媒体监督如何影响高管在职消费黏性进行深入研究，以进一步深化媒体监督对在职消费的影响研究，在充分认识上市公司高管在职消费的黏性特征的同时，为借助媒体报道的力量规范和治理过度在职消费行为提供参考。

二、理论分析与假设提出

（一）在职消费黏性的存在性

会计学界对"黏性"一词的关注源于管理会计中的"费用黏性"[安德森

等(Anderson et al.),2003],它是指一定期间内,企业某些费用与业务量之间并不总是保持线性函数关系,而是在业务量上升时的边际增加量大于业务量下降时的边际减少量。方军雄(2009)首次将"黏性"一词引入高管薪酬研究,证实了我国上市公司的高管薪酬存在黏性现象。在此基础上,张敏、姜付秀(2010),赵纯祥、罗飞(2013)等分别从机构投资者、管理者权力等角度对高管薪酬黏性的存在性与影响进行了验证。这里的高管薪酬主要指显性的货币薪酬,不包含隐性的在职消费。迄今为止,国内学术界专门针对在职消费黏性的研究并不多,有关企业高管在职消费黏性的存在性尚需进一步验证。

我们认为,企业高管的在职消费存在黏性。这是因为:

首先,在职消费的调低需要高昂的调整成本。根据在职消费的代理观(concept of the agent),虽然合理在职消费能够激发高管工作的积极性,促进企业组织效率和价值的提升,但不少高管会在自身利益的驱动下进行过度的在职消费行为,进而引发对企业价值有负面影响的代理成本。与此同时,在职消费的隐蔽性特征会增大获取在职消费信息和监督在职消费行为的成本,如果企业想要有效地管理在职消费行为,使其达到合理水平,需要花费大量的时间、精力来获取更多的在职消费信息,对在职消费进行有效的规范与约束。再加上在职消费中的一些固定性支出项目,如专用交通工具、豪华办公室等,在进行处置时会引发新的处置成本及损失,且其金额往往大于再购置时的开支。因此,对企业而言,业绩下滑时维持原有的在职消费水平可能比向下调整在职消费更符合成本效益原则,从而使企业业绩下滑时在职消费的降低幅度小于业绩提高时在职消费的上涨幅度,在职消费出现黏性特征。

其次,管理层自利行为的影响。根据委托代理理论(principal-agent theory),在信息不对称条件下,企业高管会在自身利益驱动下,出现道德风险(moral hazard)和逆向选择(adverse selection),具体表现在在职消费问题上就是:当企业业绩上升时,高管有动机将企业业绩的提高归功于自身的能力和努力,进而为自己争取到更多的个人权益,获取的在职消费也会更多;而当企业业绩下滑时,高管出于维持自身的待遇水平不变,保持自己的资源和优势,以及减少对自己今后职业生涯影响的考量,通常会将企业业绩的下滑归咎于经济波动、市场竞争加剧、未来风险与企业发展难以预测等客观原因,以便最小幅度地降低自身的在职消费水平,从而导致在职消费的变动偏离企业业绩的变动,进而导致在职消费产生黏性特征。

最后,管理者有动机和内在需求来保持自身的地位与威望。在某种程度上,在职消费是管理人员在企业内部声望与地位的象征。它不仅能够彰显高管的职位优势,有助于提升高管的工作自豪感、社会认同度与价值感,推动其为企业更加努力地工作,而且能够起到标杆的作用,激发下级管理人员或普通员工为获取更优厚的待遇而努力工作,从而推动整个企业经营管理效率的提高。因此,即使在企业业绩面临波动甚至下滑的情况下,企业高管也会尽力去维持自己的在职消费水平不变或小幅地降低,从而使在职消费相对企业业绩的变动出现不对称变动的现象,即在职消费的黏性特征。根据上述分析结果,提出本部分的假设 H1a。

H1a:在其他条件一定的情况下,我国上市公司高管在职消费存在黏性特征,即在职消费随企业业绩上升的边际增加额大于企业业绩下滑时的边际减少额。

进一步地,目前我国处于转轨和经济体制变革过程中,作为国民经济支柱的国有企业仍存在不少问题。一方面,国有企业的最终控制主体是国家,具有"独立人格"的个人并不是其最终控制主体,这也导致了国有企业普遍存在"所有者虚位"(owners phantom)的现象(罗宏、黄文华,2008)。这也使得我国国有企业普遍面临着公司治理结构不够完善的情况,管理层不能够被有效地监管和控制,企业的"内部人控制"(insider control)问题较为严重,管理层控制权受到的约束较少。另一方面,我国国有企业的激励机制和薪酬结构都不够完善,与非国有企业相比,国有企业的管理者面临着更多的薪酬管制和政策限制,高管薪酬以货币薪酬为主,并与其资历、职位等相关,很难与个人的努力程度挂钩,缺乏灵活性,这与市场自发调节的原则相背离。由于存在着薪酬管制和政策限制,从效率上来说,使得国有企业管理者的薪酬契约很难与为自由市场量身定做的薪酬契约相匹配,而且可能进一步出现滞后而刚性的特征,从而越来越脱离实际,并最终导致较为严重的道德风险问题。也就是说,当前我国国有企业显性薪酬激励不足的现状为企业管理者一系列的自利行为提供了温床,而存在漏洞的国有企业经营管理体制又进一步为高管的自利行为提供了掩护和实现通道,这些都使得我国的国有企业高管能够通过在职消费进行自我隐性激励。

不仅如此,国有企业承担了大量的社会职能,社会负担和政策性负担过重,这也导致国有企业的经营业绩不仅难以全面体现国有企业高管的个人努力程度,也很难真实体现国有企业高管的努力程度对企业业绩所做出的贡献。在企业业绩出现下滑时,国有企业高管可能会将业绩的下滑归咎于企业承担了过重的政策性、社会性负担,进而对政府提出提供补贴的要求,这也在较大程度上导致并进一步加剧了国有企业高管的在职消费黏性。与之形成鲜明对比的是,非国有企业往往比国有企业拥有更为完善的经理人制度、以企业业绩为核心的明确的机构投资者或个人股东,也不存在像国有企业那样繁杂的政策限制与薪酬管制,因此也就拥有更多的决策自主权和更高的市场化水平。在薪酬方面,非国有企业高管的薪酬主要与其个人的工作表现以及他/她为企业创造的经济效益有关,而且会随企业绩效的上升或下降而进行相应的增加或减少,薪酬契约相对更加灵活和严格。基于以上分析,提出本部分的假设 H1b。

H1b:相对于非国有企业,国有企业高管的在职消费黏性程度更高。

(二) 媒体监督对在职消费黏性的影响

近些年来,作为一种法律外公司治理力量,媒体监督对管理层行为的监督约束作用日益显现。媒体监督能够规范企业高管的在职消费行为、削弱过度在职消费对企业绩效的负面影响(耿云江、田旗,2015;翟胜宝等,2015)。

在职消费黏性之所以存在,一个重要的原因就是企业内部与外部、公司股东与经理人之间存在信息不对称。作为重要的信息传播媒介,媒体对企业在职消费新闻的报道,能够将企业内部信息及时、快速地传递给企业外部的利益相关者,这不仅有助于缓解企业内部与外部、公司股东与经理人之间的信息不对称,而且能够降低高管在职消费的信息收集与监督成本,推动企业开展薪酬制度改革,促使高管的在职消费水平及其变动更紧密地与其个人努力程度和业绩表现相挂钩,进而减轻在职消费的黏性程度。

此外,通过引起行政机构介入以及借助声誉机制,媒体也可以发挥监督约束作用。通过对公司在职消费行为进行新闻报道,媒体能够使企业高管的自利行为迅速暴露在社会公众面前,进而引起社会各界的广泛关注,严重时还会引起政府有关部门的行政介入与司法调查。在此过程中,高管的个人声誉会受到不同程度的负面影响,还可能因此而面临行政乃至刑事处罚。因此,出于对自身声誉的维护和对行政介入的忌惮,高管会在媒体报道后自觉约束和收敛自己的机会主义行为,以便将媒体曝光带给自己的负面影响降到最低,从而在客观上降低在职消费的黏性程度。基于此,提出本部分的假设 H2a。

H2a:媒体监督能够显著降低在职消费的黏性程度,即在职消费黏性与媒体监督显著负相关。

同时,随着我国市场经济改革的推进和市场化水平的提高,各大媒体都希望通过自己的新闻报道创造轰动效应,提升自己的市场价值。由于具有国有产权性质、在国民经济中居于支柱地位等,我国国有企业的经营管理水平和绩效的高低关乎国计民生。也正因为如此,相对于非国有企业,社会公众更加关注和讨论我国国有企业高管的在职消费问题,更易引发轰动效应,也更具有新闻价值。这也使得各大媒体更加努力地去挖掘有关国有企业高管在职消费行为的新闻,进而能够引发社会各界持续而热烈的关注和讨论,促使国有企业高管在更短时间内加快调整在职消费,使其与企业业绩更加匹配,进而降低在职消费的黏性程度。基于此,提出本部分的假设 H2b。

H2b:媒体监督对国有企业在职消费黏性的削弱作用大于非国有企业。

三、媒体监督影响在职消费黏性的研究设计

(一) 样本选择及数据来源

本章以沪市、深市的 A 股上市公司为样本,选取其在 2010 年到 2014 年的相关数据,在剔除金融、保险类上市公司,ST、*ST 公司以及在职消费、媒体监督等关键数据缺失的上市公司,当年发生亏损的上市公司后,最终得到可用于检验媒体监督与在职消费黏性关系的有效观测值 4165 个,其中 2010 年 821 个、2011 年 901 个、2012 年 796 个、2013 年 866 个、2014 年 781 个。

本章研究所用在职消费、公司治理等数据的来源与第二章中的数据来源相同。其中,此处的在职消费是指在职消费总额,而不是本书"第二章在职消费的计量"中通过模型(2-1)回归得到的过度在职消费金额,具体指"支付的其他与经营活动有关的现金流量"中的八项费用之和,包括办公费、差旅费、业务招待费、通信费、出国培训费、董事会费、小车费、会议费等,具体通过手工收集得到;有关公司治理的相关数据通过深圳国泰安数据库下载得到。同时,媒体监督数据即媒体负面报道次数的来源同"第三章媒体监督与在职消费"中媒体监督的数据来源,具体通过中国知网新闻数据库中手工收集及定制得到;上市公司在会计方面的其他数据,如固定资产占比、资产负债率等,通过深圳国泰安数据库搜索整理得到。

为保证研究结果的合理性,本研究利用 Stata 12.0 软件对所有变量进行了 1% 水平上的缩尾处理,并通过 Stata 12.0 和 Microsoft Excel 软件进行数据的处理分析。

（二）模型构建与变量设计

1. 在职消费黏性的存在性

本研究在对安德森等（Anderson et al., 2003）及方军雄等（2009）的 *Level* 模型研究方法借鉴的基础上，运用多元回归分析构造模型，来对我国上市公司高管在职消费是否存在黏性特征进行检验，具体模型如下：

$$\text{Perks} = \alpha_0 + \alpha_1 \, Perf + \alpha_2 \, D \times Perf + \alpha_j Controls + \varepsilon \qquad 模型（4-1）$$

在模型（4-1）中，Perks 为在职消费总额，用现金流量表中"支付的其他与经营活动有关的现金流量"项目附注中披露的办公费、差旅费等八项费用加总并取自然对数计算；Perf 为企业业绩，用滞后一期的净利润取自然对数计量；D 为虚拟变量，企业业绩上升时取 0，业绩下降时取 1；α_1 是净利润每上升 1% 引起在职消费的变动率；α_2 是净利润每下降 1% 引起在职消费无法与企业绩效同步变动的情况，即成本黏性系数；（$\alpha_1 + \alpha_2$）即为净利润每下降 1% 引起在职消费的变动率。依据黏性的定义，当 α_2 为负数即 $\alpha_1 >$（$\alpha_1 + \alpha_2$）时，说明在职消费存在黏性，假设 H1a 成立，且 α_2 越小，在职消费的黏性程度越高。

Controls 代表了所有的控制变量，具体包括：用第一大股东持股比例表示的股权集中度（T1）；用"每股股利/基本每股收益"表示的股利支付率（DR）；用高管货币薪酬总和的自然对数表示的高管货币薪酬（LnMpay）；用公司高管持股数占总股本的比重表示的高管持股比例（MShare）；虚拟变量两职兼任（Dual），即总经理和董事长为同一人时取 1，否则为 0；用董事会人数表示的董事会规模（DS）；用资产负债率表示的财务杠杆（Lever）；用公司总资产的自然对数表示的公司规模（Size）；用公司前后期销售收入的比值表示的公司成长性（GR）；分 12 个行业哑变量的行业（Industry），属于某行业为 1，否则为 0；分 4 个年度哑变量的年度（Year），属于某年度取 1，否则取 0。

2.媒体监督对在职消费黏性的影响

为验证媒体监督不仅会监督制约过度在职消费,而且会对在职消费总额的黏性产生影响,本研究在构建了模型(4-1)的基础上,引入媒体监督变量(Media),进而构建实证模型(4-2):

$$Perks = \beta_0 + \beta_1 Perf + \beta_2 Media + \beta_3 D \times Perf + \beta_4 Perf \times Media$$
$$+ \beta_5 D \times Perf \times Media + \beta_j Controls + \varepsilon \qquad 模型(4-2)$$

在上述模型(4-2)中,Media 为媒体监督变量,是"当年媒体的负面报道次数+1"取自然对数计量的结果。其中,包含腐败、行贿、受贿、资产流失、违规招标、整改、离职、辞职、被查、约谈、失联、灰色带、隐秘等关键词的媒体报道均属于媒体负面报道的范畴,会对公司或经理人声誉产生不利。

只有重点关注三阶交互项 $D \times Perf \times Media$ 的系数(β_5)的符号,才能验证假设 H2a。若 β_5 为负,则媒体监督正向促进在职消费黏性;若 β_5 为正,则媒体监督显著削弱在职消费黏性,且随着 β_5 的绝对值的增大,媒体监督对在职消费黏性的削弱作用越强。同理,要进一步检验假设 H2b,可以通过比较 β_5 在国有企业、非国有企业样本中的大小及显著性水平来实现。

由此,本章的主要变量及其定义如表4-1所示。

表 4-1 变量定义表

变量名称	变量符号	变量定义
在职消费	Perks	当年在职消费总额的自然对数
公司绩效	Perf	滞后一期企业净利润总额的自然对数
媒体监督	Media	媒体负面报道次数(NMC)加1后的自然对数
股权集中度	T1	第一大股东持股比例
股利支付率	DR	每股股利/基本每股收益
高管货币薪酬	LnMpay	高管货币薪酬总和的自然对数
高管持股比例	MShare	公司高管持股数/总股数
两职兼任	Dual	虚拟变量,当总经理和董事长是同一人时为1,否则为0
董事会规模	DS	董事会人数

续表

变量名称	变量符号	变量定义
财务杠杆	Lever	资产负债率,等于期末负债总额/期末资产总额
公司规模	Size	期末总资产的自然对数
公司成长性	GR	当年销售收入/上年销售收入
行业性质	Industry	设 12 个行业哑变量
年度变量	Year	设 4 个年度哑变量

四、媒体监督影响在职消费黏性的实证结果与分析

(一) 描述性统计

模型(4-1)、模型(4-2)中主要变量的描述性统计结果如表 4-2 所示。

表 4-2　主要变量的描述性统计(N = 4165)

变量	最大值	最小值	均值	标准差
Perks	23.341	13.905	17.353	1.532
Perf	25.669	11.218	18.237	1.943
NMC	51	0	2.563	7.561
GR	8.547	-0.702	0.338	1.321
Lever	0.871	0.018	0.377	0.274
Size	26.322	12.479	22.557	1.422
LnMpay	15.892	11.894	12.928	0.326
Mshare	0.710	0	0.086	0.569
T1	73.989	8.582	32.661	14.221
DR	1.582	0	0.212	0.239
DS	17	5	7.969	1.885
Dual	1	0	0.226	0.443

从表 4-2 中可以看到,在职消费总额取自然对数后的均值为 17.353,最大值为 23.341,最小值为 13.905,标准差为 1.532,说明我国上市公司在职消费存在较大差异。结合正常在职消费存在的合理性,不同公司之间在在职消费总额方面差别较大也是很容易理解的——在职消费之所以发生并存在,首先就是为了满足公司日常的生产经营需要,其支出金额的大小必然会因企业所处的行业不同,以及企业规模、治理结构、产权性质等因素的不同而有所差异。公司业绩的衡量指标净利润自然对数的均值为 18.237,最大值为 25.669,最小值为 11.218,标准差为 1.943,说明我国上市公司净利润的总额也存在着较大的差异。

公司被媒体进行负面报道次数的最大值为 51 次,最小值为 0,均值为 2.563 次,标准差为 7.561。根据媒体有偏论,在选择报道对象和报道力度时,媒体会考虑具有轰动效应的公司进行优先报道。公司在发展规模、所处行业、治理水平等方面存在的差异也决定了针对不同上市公司进行的新闻报道的价值并不相同。相应地,媒体的负面报道次数也就存在显著差异。进一步分析,2010 年至 2014 年,样本公司各年媒体负面报道的总次数分别为 1494、1708、2028、2989、2455。在一定程度上说明了社会各界和各大媒体越来越关注高管的在职消费问题。其中,2013 年的媒体负面报道次数较其他各年更高,这可能是由于我国在 2013 年突然增强反腐力度,挖掘并曝光许多上市公司,特别是国有企业高管的不合理在职消费行为,因此,相对于其他年份,媒体在这一年对上市公司高管在职消费行为的负面报道数量更多,范围也更为广泛。

此外,董事会规模的均值为 7.969,最大值为 17 人,最小值为 5 人,标准差为 1.885;两职兼任的均值为 0.226,说明我国已经有大约 77% 的上市公司实现了两职分离。

(二) 相关性分析

为检验主要变量之间的相关性,本章利用 Pearson 相关系数进行了分析,具体结果见表 4-3。

表 4-3 主要变量的 Pearson 相关性检验

变量	Perks	Perf	Media	GR	Lever	Size	LnMpay	Mshare	T1	DR	DS	Dual
Perks	1											
Perf	0.517***	1										
Media	-0.131***	0.023*	1									
GR	0.021*	0.016*	-0.069***	1								
Lever	0.429***	0.238***	0.078***	0.041***	1							
Size	0.041**	0.113***	-0.055***	-0.047***	0.011*	1						
LnMpay	0.382***	0.352***	0.142***	0.046***	0.049***	0.031*	1					
Mshare	-0.275***	-0.152***	0.031*	0.012*	-0.311***	-0.0123*	-0.052***	1				
T1	0.179***	0.172***	-0.054***	0.014*	0.058***	-0.047***	0.020*	-0.079***	1			
DR	-0.296**	0.024	0.017	-0.062***	-0.219***	-0.022*	0.117***	0.112***	0.085***	1		
DS	0.273***	0.203***	-0.014*	-0.023*	0.175***	0.011	-0.114***	-0.214***	-0.001	-0.001	1	
Dual	0.152***	0.122***	-0.002	-0.012	0.167***	-0.005	0.017*	-0.023*	0.057*	-0.064***	0.173***	1

根据表4-3,在职消费与企业业绩之间的相关系数为0.517,在1%的水平上显著,初步表明二者存在显著的正相关关系,我国上市公司高管在职消费与企业绩效的变动方向相同,高管在职消费会随企业业绩的上升而增加、随企业业绩的下降而减少。但由于本章的实证模型(4-1)主要研究在职消费黏性是否存在的问题,因此更需要关注该模型中交互项 $D \times Perf$ 系数(α_2)的符号,这将在后文利用多元回归方法进一步研究。

同时,媒体监督与在职消费之间是显著负相关的,这也在此支持了"第三章 媒体监督与在职消费"中二者关系的研究结论。考虑到本章的实证模型(4-2)主要研究媒体与在职消费黏性的关系,因此仍需回归并验证该模型中三阶交互项 $D \times Perf \times Media$ 系数(β_5)的符号,这也有待后文的进一步检验。

在表4-3中,公司绩效与在职消费总额的相关系数为0.517,并在1%水平上显著正相关;其他变量之间的相关系数均在0.5以下。另通过方差膨胀因子(VIF)分别进行全样本及分样本的多重共线性诊断后可以发现,每个变量的VIF值均在10以下,且平均数均在2以下,说明上述变量之间不存在严重的多重共线性,可以纳入模型中进行回归检验。

(三) 在职消费黏性存在性的回归结果及分析

表4-4给出了模型(4-1)的全样本及国有企业、非国有企业分样本的实证检验结果。

表4-4 在职消费黏性存在性的检验结果

变量(1)	全样本(2)	国有企业(3)	非国有企业(4)
Cons	6.482*** (9.48)	3.930*** (4.92)	5.741*** (8.73)
Perf	0.192*** (10.31)	0.174*** (6.66)	0.182*** (7.30)

续表

变量（1）	全样本（2）	国有企业（3）	非国有企业（4）
$D \times$Perf	-0.080^{***} (-9.31)	-0.082^{**} (-10.95)	-0.070^{***} (-7.43)
GR	0.088 （1.1）	0.247^{*} （1.92）	-0.049 (-0.48)
Lever	1.283^{***} （9.51）	1.167^{***} （5.54）	1.269^{***} （7.53）
Size	0.052^{**} （2.05）	0.043^{**} （1.96）	0.044^{**} （1.99）
LnMpay	0.502^{***} （11.70）	0.472^{***} （7.57）	0.531^{***} （8.85）
Mshare	-0.827^{**} (-4.67)	-0.026^{*} (-1.84)	-0.861^{***} (-4.78)
T1	0.003 （0.99）	0.002 （0.72）	-0.005 (-1.32)
DR	-0.216^{***} (-2.05)	-0.244^{**} (-2.31)	-0.192^{*} (-1.72)
DS	0.047^{***} （3.05）	0.050^{***} （3.27）	0.032^{*} （1.91）
Dual	0.181^{***} （3.07）	0.163^{**} （2.37）	0.154^{**} （2.28）
Industry	控制	控制	控制
Year	控制	控制	控制
调整后 R^2	0.323	0.295	0.357
组间系数分析 P 值	chi2（1）= 5.463 Prob>chi2 = 0.019		

根据表 4-4 第 2 列的数据，全样本检验调整后 R^2 为 0.323 说明模型（4-1）具有较高的拟合优度，自变量企业业绩与表 4-1 中所列控制变量可以很好地解释因变量在职消费总额的变动情况。根据表 4-4 第 3、4 列的数据，国有企业样本检验调整后 R^2 为 0.295，非国有企业样本检验调整后 R^2 为 0.357，同样拟合优度较高，说明模型（4-1）不仅可以基于全样本数据验

证中自变量与因变量的关系,而且对国有企业和非国有企业样本同样有效。

根据全样本检验结果(表4-4第2列)可知,Perf的系数为0.192,交互项$D \times Perf$的系数为-0.080,两者都在1%的水平上显著,由此表明公司业绩每上升1%,在职消费就会增加0.192%;而公司业绩每下降1%,在职消费仅下降0.112%[$=0.192\%+(-0.080\%)$],可见,在职消费水平的变动程度与公司业绩变动具有不对称的特性,黏性程度为1.71($=0.192\%/$ 0.112%),这一结果很好的证明了假设H1a,即在我国上市公司中,高管在职消费是存在黏性的。

在分样本检验结果表4-4第3、4列中,国有企业与非国有企业样本各自的交互项$D \times Perf$的系数均显著为负,说明无论是国有企业还是非国有企业,企业高管的在职消费总额均存在黏性特征。其中,国有企业样本Perf的系数为0.174,二阶交互项$D \times Perf$的系数为-0.082,两者都在1%的水平上显著,由此表明在国有企业,企业业绩每上升1%,在职消费就会增加0.174%;而公司业绩每下降1%,在职消费仅下降0.092%[$=0.174\%+$ (-0.082%)],可见我国国有企业高管的在职消费也具有黏性特征,黏性程度为1.89($=0.174\%/0.092\%$)。相应地,在非国有样本中,Perf的系数为0.182,二阶交互项$D \times Perf$的系数为-0.070,经过计算后可得,对非国有企业而言,公司业绩上升每1%,在职消费增加0.182%,而公司业绩每下降1%,在职消费下降0.112%[$=0.182\%+(-0.070\%)$],非国有企业高管的黏性程度为1.625($=0.182\%/0.112\%$)。这说明,无论是国有企业还是非国有企业,高管在职消费均存在黏性,假设H1a再次得到支持;同时,由于国有企业高管在职消费的黏性程度(1.89)大于非国有企业样本(1.625),说明国有企业的高管在职消费较非国有企业更具黏性,从而支持了假设H1b。

为了更深层次地检验各分样本之间是否在$D \times Perf$系数方面存在显著差异,即国有企业及非国有企业样本的α_2之差是否显著,本研究运用组间差异分析和卡方检验对国有企业、非国有企业两类样本在模型(4-1)中得出的$D \times Perf$的系数α_2进行了分析,得到的P值为0.019(见表4-4最后一行），且在 5% 的置信水平上显著，由此可见，国有企业与非国有企业两个分样本的 $D×\text{Perf}$ 的系数的确存在显著差异，从而支持了假设 H1b。

（四）媒体监督影响在职消费黏性的回归结果及分析

表 4-5 给出了根据模型（4-2）对全样本及分样本进行回顾后得出的实证检验结果。

表 4-5　媒体监督对在职消费黏性影响的回归结果

变量（1）	全样本（2）	国有企业（3）	非国有企业（4）
Cons	6.439*** (9.08)	6.040*** (4.87)	6.189*** (8.28)
Perf	0.215*** (9.43)	0.197*** (5.94)	0.209*** (7.12)
$D×\text{Perf}$	−0.037*** (−9.63)	−0.019*** (−6.49)	−0.026*** (−7.35)
Media	−0.315* (−2.12)	−0.125* (−2.40)	−0.237* (−2.39)
Perf×Media	−0.009 (−0.62)	−0.007 (−0.32)	−0.008 (−0.42)
$D×\text{Perf}×\text{Media}$	0.014*** (2.51)	0.011*** (2.58)	0.006* (1.98)
GR	0.139* (1.76)	0.318** (2.46)	−0.026 (−0.26)
Lever	1.427*** (8.71)	1.091*** (5.20)	1.394*** (7.82)
Size	0.023 (1.22)	0.040 (1.24)	0.011 (0.49)
LnMpay	0.437*** (10.19)	0.312*** (6.90)	0.393*** (7.66)
Mshare	−0.770*** (−4.42)	−4.604** (−2.29)	−0.649*** (−4.30)

续表

变量（1）	全样本（2）	国有企业（3）	非国有企业（4）
T1	0.001 （0.65）	0.002 （0.71）	−0.003 （−1.19）
DR	−0.234** （−2.57）	−0.205** （−2.14）	−0.165* （−2.24）
DS	0.156*** （3.67）	0.121*** （2.59）	0.135*** （2.62）
Dual	0.137** （2.32）	0.103** （2.16）	0.158** （2.43）
Industry	控制	控制	控制
Year	控制	控制	控制
调整后 R^2	0.309	0.292	0.331

由表 4-5 可知，全样本检验调整后 R^2 为 0.309，表明模型（4-2）的拟合优度较高，自变量企业业绩、媒体监督以及所列控制变量可以很好地解释因变量在职消费。此模型用于分样本检验时也同样有效，国有企业、非国有企业样本检验对应的调整后 R^2 分别为 0.292、0.331。

根据表 4-5，无论是进行全样本检验还是分样本检验，Perf 与 $D \times$ Perf 系数的符号都与模型（4-1）的回归结果一致，再次表明我国企业高管的在职消费确实存在黏性特征。但当加入媒体监督变量后，在职消费的黏性水平得到了改变。

在对全样本检验的过程中，三阶交互项 $D \times$ Perf $\times$ Media 的系数为 0.014，并且在 1% 的置信水平上显著为正，这与事先的预期符合一致，说明媒体监督能够有效降低在职消费黏性，假设 H2a 成立。

在对分样本检验的过程中，国有企业样本与非国有企业样本的三阶交互项 $D \times$ Perf $\times$ Media 的系数分别为 0.011 和 0.006，均大于零，初步说明两类样本在职消费的黏性程度都会因媒体监督的存在而削弱。进一步观察会发现，虽然国有企业、非国有企业样本的 $D \times$ Perf $\times$ Media 的系数均为正数，但二者存在较大差异。其中,国有企业样本的系数在 1% 的置信水平上显著,而非国有企业样本的系数在 10% 的水平上显著,说明与非国有企业样本相比,媒体监督对国有企业高管在职消费黏性的抑制作用更为显著,假设 H2b 得到支持。

(五) 稳健性检验

为进一步检验上述实证结果的稳健性,本研究在模型(4-1)、模型(4-2)的基础上,通过替换关键变量在职消费、媒体监督的计量方法,进行了稳健性检验。

具体为:参考陈冬华等(2005)的方法,通过查阅巨潮资讯网上的财务报表,关注附注中的“支付的其他与经营活动有关的现金流量”项目,手工收集包括办公费、差旅费、业务招待费、会议费、出国培训费、通信费、小车费和董事会费等与在职消费有关的八项费用,在对此八项费用进行加总求和的基础上取其自然对数,当作“在职消费”新的替代变量。同时,用定制获得的媒体监督数据替代手工收集得到的媒体监督数据,进而运用模型(4-1)、模型(4-2)进行检验。检验结果见表 4-6、表 4-7,假设 H1a、H1b、H2a、H2b 再次得到支持。

表 4-6 在职消费存在黏性的稳健性检验

变量(1)	全样本(2)	国有企业样本(3)	非国有企业样本(4)
Cons	5.365*** (8.49)	4.898*** (4.15)	6.190*** (9.51)
Perf	0.134*** (20.70)	0.115*** (13.15)	0.151*** (15.14)
$D \times Perf$	-0.080*** (-9.29)	-0.084*** (-6.96)	-0.070*** (-6.46)
GR	-0.067 (-0.90)	-0.014 (-0.11)	-0.109 (-1.35)

续表

变量(1)	全样本(2)	国有企业样本(3)	非国有企业样本(4)
Lever	1.921*** (15.92)	1.810*** (8.77)	1.731*** (12.90)
Size	0.025 (1.41)	0.011 (0.33)	0.057*** (2.99)
LnMpay	0.335*** (8.45)	0.320*** (4.39)	0.415*** (9.99)
Mshare	-0.962*** (-5.87)	-3.840** (-2.39)	-0.410*** (-2.86)
T1	0.006*** (3.90)	0.011*** (3.84)	0.004** (2.24)
DR	-0.036** (-2.16)	-0.256*** (-2.64)	-0.134** (-1.98)
DS	0.082*** (5.76)	0.074*** (3.40)	0.036** (1.96)
Dual	0.039 (0.72)	0.005 (0.04)	0.049 (0.93)
Industry	控制	控制	控制
Year	控制	控制	控制
调整后 R^2	0.512	0.406	0.537
组间系数差异 P 值	chi2=5.351;Prob>chi2=0.021		

表 4-7 媒体监督影响在职消费黏性的稳健性检验(确认显著性)

变量(1)	全样本(2)	国有企业样本(3)	非国有企业样本(4)
Cons	5.051*** (7.62)	4.383*** (3.58)	6.383*** (9.21)
Perf	0.176*** (17.69)	0.198*** (11.62)	0.112*** (12.35)
$D \times$Perf	-0.034*** (-9.55)	-0.042*** (-6.76)	-0.025*** (-6.38)
Media	-0.474* (-1.97)	-0.819* (-2.15)	-0.293* (-2.04)

续表

变量（1）	全样本（2）	国有企业样本（3）	非国有企业样本（4）
Perf×Media	-0.023^* (-1.65)	-0.040^* (-1.77)	-0.018^* (-1.75)
D ×Perf×Media	0.008^{***} (3.22)	0.007^{**} (2.39)	0.006^* (1.97)
GR	0.038 (0.52)	0.039 (0.30)	0.097 (1.21)
Lever	1.847^{***} (15.28)	1.754^{***} (8.47)	1.667^{***} (12.40)
Size	0.018 (1.010)	0.014 (0.43)	0.043^{**} (2.27)
LnMpay	0.302^{***} (7.53)	0.289^{***} (3.95)	0.379^{***} (8.99)
Mshare	-0.991^{***} (-6.08)	-4.175 (-3.18)	-0.445^{***} (-3.12)
T1	0.006 (1.59)	0.010 (1.62)	0.004^* (1.94)
DR	-0.022^{**} (-2.25)	-0.238^{**} (-2.53)	-0.145^* (-1.65)
DS	0.086^{***} (6.01)	0.076^{***} (3.49)	0.041^{**} (2.28)
Dual	0.034 (0.62)	0.024 (0.19)	0.043 (0.83)
Industry	控制	控制	控制
Year	控制	控制	控制
调整后 R^2	0.523	0.546	0.421

五、本章小结

本研究以 2010 年至 2014 年我国 A 股上市公司为初始样本，通过对数

据的收集、整理和回归分析,得出如下结论:

1. 我国上市公司高管的在职消费具有黏性,具体表现为高管在职消费总额会随着企业业绩的变动而呈现不对称变动的现象,即:企业业绩上升时在职消费边际增加的幅度会大于企业业绩下降时在职消费边际减少的幅度。

2. 在区分产权性质后,不同产权性质企业的高管在职消费黏性存在显著的差异。其中,国有企业高管的在职消费黏性较非国有企业更为显著和突出。

3. 媒体监督即媒体的负面报道对高管在职消费有显著影响,能够显著削弱在职消费黏性,降低高管在职消费的黏性程度。

4. 媒体监督对在职消费黏性的影响因企业产权性质不同而不同。其中,相对于非国有企业,媒体监督对国有企业高管的在职消费黏性具有更强的削弱作用。

第 五 章

媒体监督、内部控制与在职消费

前文的研究已经证明,媒体监督能够有效规范和制约企业高管的过度在职消费。那么,这一作用是如何发挥的呢? 进一步说,这一作用得以实现的路径或机制是什么? 为了解答这一疑问,本章从内部控制角度对媒体监督与在职消费的关系问题进行了探讨。

一、国内外文献回顾

目前,国内外学者在在职消费的影响因素研究方面基本上已经达成了共识,并形成了较为丰硕的成果。但在这些影响因素发挥作用的实现路径方面研究相对较少。在数量不多的现有研究中,也尚未形成一个大家可以达成共识的统一的结论。

(一) 媒体治理效用的实现路径研究

国外学者将声誉机制作为媒体发挥治理作用实现路径的主要研究方向。法马(Fama,1980)以及法马、詹森(Fama and Jensen,1983)的研究发现,经理人很多时候都会更加关注自身声誉,尽量避免负面报道对其声誉产生影响。负面报道一旦出现,对于其带来的不利影响,经理人通常会以积极的方式应对与解决,借此机会获得更高的薪酬待遇和更好的升迁机遇。克雷普斯、威尔逊(Kreps and Wilson,1982)指出,声誉对于市场经理人来说更加重要,市场运作效率的提高,必须以声誉的提高为前提。① 实际上,公司的经理人相当重视其在外界的声誉,他们经常会采用让利于中小股东的方式来转移媒体注意力,以有效避免外部媒体对其公司或个人行为的跟踪报道,而不是真正出于保护中小股东利益的考虑。正如戴克、津加莱斯(Dyck and Zingales,2004),戴克等(Dyck et al.,2008)所指出的,成熟的经理人市场和产权私有化是媒体通过声誉机制发挥公司治理作用的两个前提条件。

国内学者在媒体发挥治理作用的实现路径问题上所持的观点也不尽一致。大多数学者认为,基于经理人市场的声誉机制是媒体发挥治理作用的途径(张烨,2009;李焰、秦义虎,2011;杨德明、赵璨,2012)。李培功、沈艺峰(2011)却认为,我国不存在私有产权和成熟的经理人市场这样的声誉机制存在的前提;媒体发挥监督作用是需要行政机构介入来实现的。于忠泊等(2012)认为,媒体的监督功能是在资本市场的压力之下形成的。吴超鹏等(2012)、王恩山等(2013)指出,媒体关注通过信息传递机制发挥公司治理效用。王恩山等(2013)还认为,媒体监督还通过影响公司内部治理机制,对公司高管施加舆论压力,达到治理的效用。彭桃英、汲德雅(2014)指出,企业外部的媒体报道能够与内部控制共同作用于公司治理,降低高管的代理成本。因此,有必要在现有研究基础上,进一步对媒体监督影响在职消费的作用机制,即实现路径进行研究。

(二) 内部控制研究

作为一种重要的制衡、约束和激励代理人行为的制度安排,企业内部控制

---

① 参见 D.Kreps and R.Wilson, "Reputation and Imperfect Information", *Journal of Economic Theory*, Vol.27, No.2 (August 1982), pp.253-279。

旨在保护投资者利益,促进资本市场的健康、持续发展。①　作为企事业单位进行自我管理、实现运营目标的重要手段,内部控制在企事业单位中的地位越来越重要,也越来越受学术界的关注。迄今为止,国内外学者们在内部控制的影响因素、评价、经济后果等方面展开了广泛而深入的研究,并取得了丰硕的成果。

1. 内部控制的影响因素研究

影响内部控制的一个重要因素是公司治理。克里希南(Krishnan,2005)指出,企业内部控制质量不仅受公司高管是否有高标准的财务背景、高管是否有舞弊行为的影响,公司治理中的审计委员会更对其有至关重要的影响。阿博特等(Abbott et al.,2007)和多伊尔等(Doyle et al.,2007)研究后同样发现,公司治理机制对内部控制质量有着非常明显的影响作用。在国内,阎达五、杨有红(2001)等认为,企业内部控制质量的形成需要以良好的公司治理为重要环境前提。李维安(2006),李辉、张晓明(2009),张先治、戴文涛(2010)等分别进行研究后也发现,高管特征、第一大股东持股比例、股权集中度等均会影响内部控制质量。同时,多伊尔等(Doyle et al.,2007),阿什博夫-斯卡维等(Ashbaugh-Skaife et al.,2007),曹建新等(2009),张颖、郑洪涛(2010)还发现,公司财务状况同样影响内部控制质量。

近年来,国内学者进一步深化了公司治理对内部控制的影响研究。章添香、张春海(2015)以银行业企业为研究对象,研究了公司治理和经营效率对内部控制的影响。李荣梅等(2015)发现,有效的董事会与审计委员会能够提高内部控制实施效率;郭军、赵息(2015)的研究结果表明,董事会独立性对内部控制的影响并不显著,但内部控制质量会随着董事会团队异质性的提高、董事会审计委员会设立时间增长而提高。同时,学者们也发现,股权激励(张萍等,2015)、高管薪酬激励(赵息、屈海涛,2015)、管理层权力(胡明霞、干胜道,2015)、大股东资金占用(林润辉等,2015)、交叉上市和政治关联(谭庆美等,2015)等会在不同程度上影响企业内部控制。此外,逐

---

① 　参见林斌等:《基于信息披露的内部控制指数研究》,《会计研究》2016年第12期。

东等(2015)在对不同类型的媒体关注下的内部控制质量进行研究后发现,在由政府主导的内部控制建设发展模式下,能提高上市公司内部控制质量的是网络和政策导向的媒体关注,而市场导向的媒体关注并不能提高上市公司的内部控制质量。

2. 内部控制的评价研究

在内部控制质量评价方法方面,国内外学者尚未达成统一。国外学者衡量内部控制质量主要是通过是否存在内部控制缺陷来完成的[多伊尔等(Doyle et al.),2007]。国内学者从不同角度出发,对内部控制质量的评价问题进行了探讨。

具体来看,国内学者衡量内部控制质量的出发点主要是内部控制的五要素(林钟高、郑军,2007;陈汉文,2010;池国华、郭菁晶,2015)或者是三大目标(程晓陵、王怀明,2008;方红星、张志平,2012)。在评价思路上,舒伟等(2015)在熵、耗散结构理论的基础上,形成了"内控熵"和"内控耗散"的理念,对内部控制有效性的演变机理进行了详细的阐述,为增强公司内部控制有效性提供了可能的解决思路。在评价方法上,陈艳等(2015)、李玉兰(2015)结合模糊综合评价方法(FCE)构建了定性与定量相结合的评价模型。

3. 内部控制的经济后果研究

国内外学者从盈余质量、会计稳健性、资本成本、融资选择、投资效率、高管权力等方面,对内部控制质量的经济后果进行了广泛而深入的研究。

内部控制对盈余质量与会计稳健性的影响一直是该领域研究的热点问题。无效的内部控制会导致较低的盈余质量[阿什博-斯卡维等(Ashbaugh-Skaife et al.),2007;徐晶、胡少华,2015]与会计稳健性[本、李(Beng and Li),2011;邢维全、宋常,2015]。同时,付颖赫(2015)研究发现,内部控制与媒体关注互为补充,共同降低企业盈余管理水平。李虹、田马飞(2015)也发现,内部控制与媒介功用的交互作用与每股盈余价值及每股净资产价值呈显著正相关。

内部控制也会影响资本成本[阿什博-斯卡维等(Ashbaugh-Skaife et al.),

2008;陈汉文、程智荣,2015],进而影响企业的融资选择(施继坤,2012)。

内部控制质量还会对投资效率(王书琴等,2015)与非效率投资(王治等,2015)、企业价值(王爱群等,2016)与绩效(张国清等,2015)、高管薪酬业绩的敏感性(杨程程、程小可,2015)等产生影响。

此外,胡明霞、干胜道(2015)研究发现,管理层权力越大,越可能诱发高管的腐败行为;在其他因素不变的情况下,管理层权力对高管腐败的诱发作用能够被高质量的内部控制有效抑制。

(三) 文献评述

综上所述,现有研究已经就媒体对在职消费监督治理作用的实现路径问题进行了探讨,但尚不深入。虽然已有一些文献研究开始关注媒体监督与内部控制的关系以及内部控制在加强公司治理中的中介作用,但仍缺乏对媒体监督、内部控制与在职消费三者关系的针对性研究。因此,有必要从内部控制角度入手,研究媒体监督对在职消费影响的实现路径,进而厘清媒体监督对在职消费的作用机制,丰富并深化媒体监督对在职消费的影响研究,同时也有助于丰富和扩展现有的内部控制研究。

二、媒体监督通过内部控制治理在职消费的理论分析与假设提出

(一) 媒体监督对在职消费具有治理作用

企业高管抓住企业在生产过程中的信息不对称优势,利用手中的职权便利,通过机会主义行为来过度享受在职消费,致使企业委托代理成本上升,损害了利益相关者的利益,进而产生委托代理问题。作为企业外部的一

种治理机制,媒体监督通过媒体自身的声誉及监督机制,在很大程度上降低了企业的代理成本,保护了利益相关者的利益,缓解了过度在职消费引发的委托代理问题。其中,采用声誉机制进行媒体治理过程中,一方面会一定程度地增加企业高管过度在职消费的成本和提高其面临的信誉风险,另一方面会降低其进行过度在职消费的动机,从而形成了企业高管在职消费收益与成本的一种新的制衡状态,在媒体曝光企业高管的过度在职消费行为后,高管会主动或在企业股东的压力下迅速做出反应,进而使自身的过度在职消费行为有所收敛。另外,采用媒介机制进行媒体治理的过程中,可以大大降低相关信息需求者的信息需求成本,企业所有者结合媒体监督的信息与自己已掌握的公司内部信息,能更快速地做出决策,提升企业价值。企业经营在媒体的日常监督下,大大减少了高管过度在职消费的机会,促使管理人员在日常活动对自己的行为进行约束。对委托代理理论与媒体治理理论进行了双向交互分析后,可以发现媒体监督对高管的在职消费具有强有力的约束作用。鉴于以上理论分析,本章提出第一个假设 H1。

H1:媒体监督对高管的在职消费具有治理作用,即媒体监督越强,高管在职消费水平越低。

(二) 内部控制能够显著增强媒体治理作用

在市场经济高速发展、所有权与经营权逐渐分离的环境中,契约理论(contract theory)应运而生。从契约理论的角度来看,公司是一个内部存在各种契约的结合体,但是企业在其经营发展中不是完美的,也会产生契约不完全性(contract incompleteness)等问题,这也给学者们提出了新的研究话题。

作为公司治理的一种重要手段,内部控制能够在一定程度上解决契约不完全性问题,降低企业的代理成本,在一定程度上约束高管的在职消费行为,从而帮助企业完成公司价值最大化和保护利益相关者利益的目标。从媒体监督的角度看,作为公司治理的一种外部治理机制,媒体监督的作用原理是在媒体爆出有关的负面新闻后,通过声誉机制来影响企业及其高管,进而在企业及高管个人的合力作用下实现对高管过度在职消费的行为约束与治理,而这一作用实现的关键就是通过内部控制等中间机制。同时,作为媒体监督与公司治理的中间媒介,内部控制在多大程度上帮助实现媒体对企业高管过度在职消费的监督治理又取决于公司内部控制的质量。由此,本章提出第二个假设 H2。

H2:在其他因素不变的条件下,内部控制质量越高,媒体监督对在职消费的影响越明显,即:内部控制会显著增强媒体监督对过度在职消费行为的约束作用。

三、媒体监督通过内部控制治理
在职消费的研究设计

(一) 样本选择及数据来源

本章以 2010 年至 2014 年沪深两市存在过度在职消费的 3973 家 A 股上市公司为初始样本,在剔除了 ST、*ST 公司,金融、保险类上市公司以及原始数据缺失的公司,并根据内部控制质量的计量结果做进一步筛选后,最终获得 1925 个用于本章实证检验的观测值,其中 2010 年 395 个、2011 年419 个、2012 年 377 个、2013 年 404 个、2014 年 330 个。

本章实证检验所用的数据中,过度在职消费数据根据前文构建的在职消费合理水平的估算模型测算得到;媒体监督数据通过查阅深圳国泰安数据库手工整理或定制得到;与内部控制质量有关的数据分别在查阅 WIND研究数据库、国泰安数据库中的相关数据后再通过有关计算得到。除此之外,研究中列出的大股东持股比例、独立董事比例、高管持股比例等与公司治理特征相关的数据,均通过查阅深圳国泰安数据库得到。

本章首先运用 Microsoft Excel 表格对数据进行初步整理,进而运用

SPSS19.0 对内部控制质量进行计算和评价,运用 Stata 12.0 进行了实证检验和分析。

(二) 变量设计

1. 被解释变量

本部分的被解释变量是在职消费(OPerks),具体是狭义在职消费的范畴,即指过度在职消费。具体根据"第二章 在职消费的计量"中在职消费合理水平的计量模型(模型 2-1)的计量回归结果得到,并作为本章实证检验中在职消费的替代变量。

2. 解释变量

本部分有两个解释变量:媒体监督和内部控制。

(1)媒体监督

考虑到目前网络等新兴媒体虽有超越传统媒体之势,但在数据可得性和可靠性等方面逊于报纸,本研究通过在深圳国泰安数据库中手工统计得到的报纸上与上市公司高管过度在职消费有关的负面新闻报道次数作为主检验中媒体监督(Media)的替代变量。相关数据的获得方法同"第三章 媒体监督与在职消费"中媒体监督的变量设计。此外,运用定制获得的媒体监督数据进行稳健性检验。

(2)内部控制

本研究以目标为导向,设计内部控制质量的评价指标体系,并以通过SPSS19.0 计量得到的内部控制质量的评价得分作为内部控制 IC 的替代变量。

根据《企业内部控制基本规范》①中的相关规定,内部控制的目标为:合理保证企业经营管理合法合规,资产安全、财务报告及相关信息真实完整,

---

① 由财政部会同证监会、审计署、银监会、保监会制定,2008 年 5 月 22 日印发,自 2009 年 7 月 1 日起在上市公司范围内施行。

提高经营效率和效果,促进企业实现发展战略等。因此,本研究具体从战略、经营、报告、合法合规、资产安全五个方面来考察企业内部控制质量的高低,运用一系列的具体指标来对这些抽象化的目标层面进行观测和计量。

具体来说,作为企业经营管理最高层次的目标,内部控制的战略目标主要通过以下三个方面来实现:首先,企业必须具有核心竞争力;其次,企业必须拥有充足的自有资产和良好的经营理念,以实现长久、可持续的发展;再次,企业必须具有应对生产经营过程中各种风险的能力。因此,可以通过财务杠杆、可持续增长率和资本保值增值率等指标来衡量企业对这一战略层面目标的实现程度与内部控制质量。

企业经营的效率和效果如何直观地反映企业内部控制的经营目标是否实现?其中,企业存货的周转速度和应收账款的变现能力能够反映经营效率的高低;企业的营业利润率、营业利润现金净含量等指标的高低可以反映经营效果的好坏。因此,可以通过应收账款周转率、存货周转率、营业利润率和营业利润现金净含量来衡量企业内部控制经营层面目标的实现程度与内部控制质量。

企业的报告目标反映了企业财务报告中披露的财务及其相关信息是否是真实的、完整的,企业的内控制评价报告是否存在缺陷等。因此,本研究通过财务报表的审计意见、内部控制自我评价报告是否存在缺陷指标等来衡量企业内部控制报告目标的实现程度与内部控制质量。

合法合规是企业生产经营的基本底线,企业需要具有良好的内部控制机制来保障企业的经营是合法合规的。因此,可以通过罚款金额、是否存在违规处罚和诉讼事项等来衡量企业内部控制合规合法目标的实现程度与内部控制质量。

资产安全是企业实现持续经营与发展的基本保障。在市场经济环境下,企业除了要保障资产在实物意义上的安全之外,更需要保障资产在价值上的安全。而在企业的生产经营过程中,未履行债务、资产的减值损失和关联方对企业资金的占用等都会严重危害企业资产的安全,因此,可以通过未履行债务、资产减值损失和关联方的资金占用来衡量企业内部控制的资产安全目标的实现程度与内部控制质量。

由此,本研究在评价内部控制质量时选用的指标见表5-1。

表5-1 内部控制质量的评价指标及其定义

目标层面	评价指标	指标定义
战略	财务杠杆	(净利润+所得税费用+财务费用)/(净利润+所得税费用)
	可持续增长率	(留存收益/期末股东权益)/(期初股东权益/期末股东权益)
	资本保值增值率	期末所有者权益/期初所有者权益
经营	应收账款周转率	营业收入/应收账款平均占用额
	存货周转率	营业成本/存货平均占用额
	营业利润率	营业利润/营业收入
	营业利润现金净含量	经营活动产生的现金流量净额/营业利润
报告	财务报表的审计意见	标准无保留审计意见为1,否则为0
	内部控制自我评价报告	内部控制自我评价报告无重大缺陷为1,否则为0
合法合规	罚款金额	对违规事件的罚款总金额
	违规处罚	不存在违规处罚为1,否则为0
	诉讼事项	不存在诉讼事项或不是被告方为1,否则为0
资产安全	未履行债务	(应交税金+应付职工薪酬+到期未偿还债务)/营业收入
	资产减值损失	资产减值损失/年末总资产
	关联方资金占用	年末其他应收款/年末总资产

3. 控制变量设计

结合前文的研究,本部分设计选用公司治理与其他两类控制变量,具体如表5-2所示。

在表5-2中,与公司治理有关的控制变量有:股权集中度、独立董事比例、高管持股比例、两职兼任。其中,股权集中度采用第一大股东持股比例计量;独立董事比例是独立董事人数与董事会人数之比;高管持股比例是指公司高管,具体指董事、监事和高级管理人员的持股数占总股本的百分比;董事规模具体指董事会人数;两职兼任为虚拟变量,若企业的董事长和总经理不是同一人,则取值为 0,否则为 1。

其他控制变量包括:企业的自由现金流量、资产负债率、公司规模、实际控制人、产权性质、行业以及年度等。其中,实际控制人、产权性质、行业以及年度等变量均为虚拟变量。

表 5-2 变量定义表

变量	变量名称	变量符号	变量定义
被解释变量	在职消费	OPerks	过度在职消费
解释变量	媒体监督	Media	媒体负面报道次数(NMC)加 1 后的自然对数
	内部控制质量	IC	Ln(当年内部控制质量的评价得分)
控制变量	股权集中度	T1	第一大股东持股比例
	独立董事比例	Ind	独立董事人数与董事会人数之比
	高管持股比例	MShare	公司高管持股数/总股数
	两职兼任	Dual	虚拟变量,当总经理和董事长是同一人时为 1,否则为 0
	自由现金流量	Cash	当年的企业自由现金流量
	财务杠杆	Lever	资产负债率,等于期末负债总额/期末资产总额
	公司规模	Size	期末总资产的自然对数
	产权性质	SOE	虚拟变量。国有企业为 1,否则为 0
	行业性质	Industry	设 12 个行业哑变量
	年度变量	Year	设 4 个年度哑变量

(三) 模型构建

1.内部控制质量的评价模型

本研究运用 SPSS19.0,通过主成分分析法对内部控制质量进行计量。

主成分分析法是对含有公因子的多个变量进行降维的一种统计分析方法[1]，其中，主成分可以用模型(5-1)来计算确定。

$$F_1 = A_{11}X_1 + A_{12}X_2 + A_{13}X_3 + \cdots\cdots + A_{1n}X_n$$

$$F_2 = A_{21}X_1 + A_{22}X_2 + A_{23}X_3 + \cdots\cdots + A_{2n}X_n$$

……

$$F_m = A_{m1}X_1 + A_{m2}X_2 + A_{m3}X_3 + \cdots\cdots + A_{mn}X_n$$

$$PF = \alpha_1 F_1 + \alpha_2 F_2 + \alpha_3 F_3 + \cdots\cdots + \alpha_m F_m \qquad 模型(5-1)$$

其中，$F_1, F_2 \cdots\cdots F_m$ 为公共因子，PF 为内部控制质量的评价得分。

2. 多元回归模型

在模型(5-1)及其结果基础上，本研究遵循前文研究思路，构建模型(5-2)，以实证检验媒体监督与在职消费之间的关系。

$$OPerks = \beta_0 + \beta_1 Media + \beta_2 Controls_i + \varepsilon_t \qquad 模型(5-2)$$

同时，为对内部控制在媒体监督制约在职消费过程中所起的实现作用进行进一步检验，在模型(5-2)中加入内部控制质量与媒体监督的交互项，进而构建实证模型(5-3)：

$$OPerks = {}_0 + \gamma_1 Media + \gamma_2 Media \times IC + \gamma_3 Controls_t + \varepsilon_t \qquad 模型(5-3)$$

四、媒体监督通过内部控制治理在职
消费的实证结果与分析

（一）内部控制质量评价

1. 内部控制质量主成分分析的可行性检验

测试原始变量是否适合进行主成分分析是运用主成分分析计算内部控

---

① 参见李靖华、郭耀煌：《主成分分析用于多指标评价的方法研究——主成分评价》，《管理工程学报》2002 年第 1 期。

制质量得分的前提和基础。实践中,常用的检验方法是借助 SPSS 软件对原始变量进行 KMO①(Kaiser-Meyer-Olkin)和 Bartlett 球形检验。

表 5-3 中展示了检验的结果。其中,KMO 检验值为 0.732,是大于 0.5的,这说明各原始变量间的相关性比较强,适合采用主成分分析进行评价;Bartlett 球形检验的近似卡方值为 1711.034,且显著性水平小于 1%,这说明主成分分析法也适用于对本研究所选的评价指标所对应的原始变量进行评分。

表 5-3　KMO 和 Bartlett 球形检验

Kaiser-Meyer-Olkin Measure of Sampling Adequacy		0.732
Bartlett's Test of Sphericity	Approx.Chi-Square	1711.034
	df	105
	Sig.	.000

2. 因子提取及内部控制质量综合指标的建立

本研究运用主成分分析法提取公因子。表 5-4 是计算得到的解释总方差。根据此表,所有的单项评价指标经 SPSS 处理和计算后共提取出 9 个公共因子,它们的累计方差贡献率达到 71.259%,这说明 15 个原始变量反映的绝大部分信息都能够包含在这 9 个公共因子中。

表 5-4　解释总方差

成分	初始特征值			旋转平方和载入		
	合计	方差百分比（%）	累计百分比（%）	合计	方差百分比（%）	累计百分比（%）
1	2.003	13.356	13.356	2.003	13.356	13.356
2	1.382	9.211	23.567	1.382	9.211	2.2567
3	1.236	8.243	30.810	1.236	8.243	30.810
4	1.120	7.468	38.278	1.120	7.468	38.278

---

① 根据学者 Kaiser 的观点,如果 KMO 的值小于 0.5,不适宜进行因子分析。

续表

成分	初始特征值			旋转平方和载入		
	合计	方差百分比（%）	累计百分比（%）	合计	方差百分比（%）	累计百分比（%）
5	1.035	6.901	45.179	1.035	6.901	45.179
6	1.017	6.781	51.960	1.017	6.781	51.960
7	1.001	6.672	58.632	1.001	6.672	58.632
8	0.963	6.421	65.053	0.963	6.421	65.053
9	0.931	6.206	71.259	0.931	6.206	71.259
10	0.874	5.824	77.083			
11	0.846	5.638	82.721			
12	0.794	5.291	88.012			
13	0.770	5.135	93.147			
14	0.631	4.206	97.352			
15	0.397	2.648	100.000			

通过采用最大方差法将因子载荷矩阵进行旋转,得到了如表 5-5 所示的结果。根据表 5-5,不难发现:在公因子 1 中,未履行债务、资产减值损失率及资产减值损失率的解释程度比较高,表明公因子 1 主要从资产安全完整方面反映内部控制质量的高低;公因子 2 和公因子 8 主要在合规层面上反映内部控制质量的高低,因为其在罚款金额、违规处罚和诉讼事项上拥有较高的载荷;公因子 3 主要是在报告层面上反映内部控制质量的高低,因为其在财务报表的审计意见和内部控制质量自我评价报告上具有较大的载荷;公因子 4 和公因子 9 主要从战略目标层面反映内部控制质量的高低,其在可持续增长率、资本保值增值率和财务杠杆上也具有较大的载荷;公因子 5、6、7 在营业利润率、应收账款周转率、存货周转率和营业利润现金净含量等指标上具有较大的载荷,说明这三个公因子主要从经营目标层面反映内部控制质量的高低。综合而言,运用主成分分析法提取的 9 个公因子能够分别从战略目标、经营目标、报告目标、合规目标和资产安全目标五个层面

来综合评价和反映企业内部控制质量的高低,也能够较为完整地涵盖 15 个原始指标所包含的信息。

表 5-5　旋转后的因子载荷矩阵

公因子 指标	1	2	3	4	5	6	7	8	9
可持续增长率	0.383	0.314	0.062	0.179	-0.179	0.173	-0.098	0.077	0.518
资本保值增值率	0.141	0.408	0.46	-0.038	0.303	-0.117	0.022	-0.166	0.151
财务杠杆	0.064	-0.352	0.167	0.611	-0.042	-0.153	-0.058	-0.214	0.244
营业利润率	0.705	0.397	-0.155	0.104	-0.077	0.063	-0.008	0.012	-0.033
营业利润现金净含量	0.063	-0.029	-0.211	0.057	0.692	-0.293	0.317	0.355	0.32
应收账款周转率	0.007	-0.117	-0.151	-0.031	0.297	0.804	-0.207	-0.117	0.247
存货周转率	0.027	-0.019	-0.038	0.015	-0.258	0.223	0.9	-0.233	0.092
财务报表的审计意见	0.544	-0.213	0.058	-0.018	0.014	0.08	0.019	0.159	-0.33
内部控制自我评价报告	0.102	0.286	0.573	-0.06	-0.256	-0.087	-0.028	0.166	0.146
罚款金额	-0.304	0.568	-0.18	0.371	0.021	0.157	0.045	0.216	-0.27
违规处罚	0.215	-0.363	0.226	-0.08	-0.159	0.207	0.097	0.704	0.032
诉讼事项	0.095	-0.237	0.229	0.695	0.12	0.084	0.023	0.006	-0.242
未履行债务	0.714	0.195	-0.357	0.051	0.047	-0.085	0.006	-0.046	-0.199
资产减值损失率	-0.605	0.361	-0.059	0.211	-0.063	0.113	0.046	0.276	-0.033
资产减值损失率	-0.052	-0.12	-0.551	0.144	-0.397	-0.236	-0.137	0.124	0.322

在采用主成分分析法提取了 9 个公共因子后,表 5-6 所示的是通过 SPSS 软件的回归计算得出的因子得分系数矩阵。

表 5-6　因子得分系数矩阵

指标	主成分								
	1	2	3	4	5	6	7	8	9
可持续增长率	0.191	0.227	0.05	0.16	-0.173	0.17	-0.098	0.08	0.557
资本保值增值率	0.032	-0.255	0.135	0.545	-0.04	-0.151	-0.058	-0.223	0.262

指标	主成分								
	1	2	3	4	5	6	7	8	9
财务杠杆	0.071	0.295	0.372	-0.034	0.293	-0.115	0.022	-0.172	0.162
营业利润率	0.352	0.288	-0.125	0.093	-0.075	0.062	-0.008	0.012	-0.036
营业利润现金净含量	0.031	-0.021	-0.171	0.051	0.669	-0.288	0.317	0.369	0.344
应收账款周转率	0.004	-0.085	-0.122	-0.027	0.287	0.79	-0.207	-0.121	0.266
存货周转率	0.013	-0.014	-0.031	0.013	-0.25	0.219	0.899	-0.242	0.099
财务报表的审计意见	0.271	-0.154	0.047	-0.016	0.013	0.078	0.019	0.166	-0.355
内部控制自我评价报告	0.051	0.207	0.463	-0.053	-0.247	-0.085	-0.028	0.173	0.157
罚款金额	-0.152	0.411	-0.146	0.331	0.021	0.154	0.045	0.224	-0.29
违规处罚	0.107	-0.262	0.182	-0.071	-0.153	0.203	0.097	0.731	0.035
诉讼事项	0.047	-0.171	0.185	0.62	0.116	0.083	0.023	0.006	-0.26
未履行债务	0.356	0.141	-0.288	0.045	0.045	-0.084	0.006	-0.047	-0.213
资产减值损失率	-0.302	0.261	-0.048	0.189	-0.061	0.111	0.045	0.287	-0.036
关联方资金占用	-0.026	-0.087	-0.445	0.129	-0.383	-0.232	-0.137	0.129	0.345

借助模型(5-1),利用9个公共因子的得分函数可分别计算出各公共因子的得分,权数是以各公共因子方差贡献率占累计方差贡献率的比重,这样可以计算出各样本公司的内部控制质量的得分是多少。

(二) 描述性统计

表5-7是对1925家样本公司主要变量的描述性统计结果。

表 5-7　主要变量的描述性统计（N=1925）

指标	最大值	最小值	均值	标准差
OPerks	3.184	0.002	0.597	0.601
NMC	19	0	7.445	3.959

续表

指标	最大值	最小值	均值	标准差
IC	9.338	1.878	5.764	0.789
Size	24.688	18.052	22.208	3.470
Dual	1	0	0.276	0.447
Cash	4.34E+10	−3.90E+10	4.17E+08	3.50E+09
Lever	0.827	0.061	0.438	0.224
MShare	0.837	0.000	0.135	0.567
Ind	0.667	0.368	0.372	0.063
T1	87.320	11.690	37.034	15.952
SOE	1	0	0.429	0.495

如表5-7所示,在过度在职消费中,最大值为3.184,最小值为0.002,最大值是最小值的1592倍,并且其均值为0.597,也远小于其最大值3.184,表明虽然样本公司均存在过度在职消费,但受公司规模、产权性质等多种因素的影响,部分企业的过度在职消费水平远高于平均水平,企业与企业之间在过度在职消费的具体水平上存在较大差异。

媒体报道的与在职消费有关的负面新闻的最大次数为19,最小次数为0,均值为7.445,即每家公司平均每年经历有关在职消费的负面报道7.445次。具体到每年,2010年共发生2449次有关在职消费的负面新闻报道,平均每家公司被报道6.2次;2011年共发生3036次有关在职消费的负面新闻报道,平均每家公司被报道7.25次;2012年共发生2855次有关在职消费的负面新闻报道,平均每家公司被报道7.57次;2013年共发生3200次有关在职消费的负面新闻报道,平均每家公司被报道7.92次;2014年共发生2800次有关在职消费的负面新闻报道,平均每家公司被报道8.49次。不难看出,随着年份的增长,有关高管在职消费的年度平均负面新闻报道次数呈现逐年递增的趋势。这种现象有可能是因为随着计算机技术、网络技术的迅猛发展,新闻媒体及其报道能够以更加强大、更加便捷的信息传播优势迅速席卷全国。同时,媒体报道所承载的信息量也呈几何级数增加,某一负面新闻一经媒体爆出,就会迅速传播开来,并在社会上产生放射状影响。

在通过运用模型(5-1)计算得到的内部控制质量评价得分方面,内部控制质量的最大值为 9.338,最小值为 1.878,均值为 5.764,高于中位数 5.203,表明样本公司中有将近 50% 企业的内部控制质量低于平均水平,我国上市公司的内部控制质量仍有待进一步提高。

在控制变量中,自由现金流量的最大值是 434 亿,最小值是 -390 亿,标准差为 35 亿,表明样本公司间的自由现金流量存在较大差异,这可能是因为公司所处的行业、经营业务类型的不同而有所差异;两职兼任的均值为 0.276,表明在本章的研究样本中有约 73% 的公司实现了董事长和总经理的职务分离,能够较好地发挥董事会对总经理的监督约束作用。同时,在 1925 家样本公司中,42.9% 为国有上市公司,57.1% 为非国有上市公司。

(三) 相关性分析

本部分计算了模型(5-2)、模型(5-3)中主要变量值间的 Pearson 相关系数,以检验自变量和控制变量之间的相关关系,结果如表 5-8 所示。根据表 5-8,模型(5-2)、模型(5-3)中主要变量间的相关系数均明显低于 0.5,因此各变量之间不存在严重的共线性问题,利用上述模型进行回归检验。

此外,媒体监督与在职消费的相关系数为 -0.342,且在 1% 水平上显著,说明媒体监督与在职消费呈显著负相关,初步支持了假设 H1。

表 5-8　主要变量相关系数（N=1925）

变量	OPerks	Media	Size	Dual	Cash	Lever	MShare	Ind	T1	SOE
OPerks	1									
Media	-0.342***	1								
Size	0.213***	0.065***	1							
Dual	0.116***	0.020*	0.010	1						
Cash	0.050***	-0.054**	0.040*	-0.069**	1					
Lever	-0.010*	-0.303***	-0.061***	-0.174***	0.053**	1				
MShare	0.381***	-0.062***	0.074***	0.210***	-0.020*	-0.182***	1			
Ind	-0.010	-0.146***	-0.135***	0.072***	-0.049*	0.030	-0.010*	1		
T1	-0.030*	-0.112***	-0.054*	-0.040	0.000	0.069***	-0.030	0.065***	1	
SOE	-0.064**	0.206***	0.073***	-0.289***	0.099***	-0.348***	-0.180**	0.001*	-0.117**	1

（四）媒体监督对在职消费影响的回归结果与分析

表 5-9 中所示的为假设 H1 的回归结果。

表 5-9　假设 H1 的回归结果

变量	系数	变量	系数
Con	1.184*** （10.97）	Lever	-0.049 （-1.17）
Media	-0.508*** （-17.32）	MShare	0.841*** （16.01）
Size	0.028*** （10.47）	Ind	-0.207 （-1.48）
Dual	0.041** （2.12）	T1	-0.001* （-1.92）
Cash	0.111*** （2.64）	SOE	-0.038** （-2.07）
调整后 R^2	0.297		

根据表 5-9,模型(5-2)调整后 R^2 为 0.297,说明该模型的拟合度较好,能够用此模型来对媒体监督与在职消费的关系进行检验。

在职消费与媒体负面报道的相关系数为-0.508,并且在 1% 水平上呈显著负相关,表明媒体负面报道能够显著抑制过度在职消费行为的发生,能够推动企业高管采取积极措施纠正自身的机会主义行为,从而缩减企业的过度在职消费支出。假设 H1 得到最有力的支持。

高管持股比例的回归系数为 0.841,且在 1% 的水平通过了显著性检验,表明高管持股比例与过度在职消费呈现显著正相关的关系,即高管持股比例越高,过度在职消费支出的金额就越高。这可能是因为当公司高管持有公司较大比例的股票时,会因此而拥有更大的权力,也就能在更大程度上自主决定自身薪酬水平的高度,也就越容易通过过度在职消费来进行自我激励。同时,两职兼任在5%的统计水平上通过了显著性检验,表明两职兼任会加剧过度在职消费,纵容过度在职消费行为的发生。这可能是因为当董事长和总经理两者兼任时,总经理的权力就会缺乏有效的监督,进而加剧困扰上市公司的内部人控制问题,总经理也更容易产生机会主义行为,进而引发更多的过度在职消费支出;反之,两职分离则会有助于抑制过度在职消费。

此外,公司规模、自由现金流量均在1%水平上通过了显著性检验,表明公司的规模越大、自由现金流量越多,公司高管就越容易开展过度在职消费行为。同时,企业的产权性质在5%的水平上与在职消费呈显著负相关,说明媒体监督对非国有企业过度在职消费的影响更为明显。这也再次为"第三章　媒体监督与在职消费"的假设 H2 提供了经验支持。

(五)内部控制实现机制作用的回归结果与分析

表 5-10 中是假设 H2 的回归结果,用于检验和反映内部控制在媒体监督制约在职消费过程中所起的实现机制作用。

表 5-10　假设 H2 的回归结果

变量	系数	变量	系数
Con	1.140*** (10.79)	Lever	-0.050 (-1.19)
Media	-0.498*** (-16.83)	MShare	0.841*** (15.98)
Media×IC	-0.012** (-2.41)	Ind	-0.216 (-1.56)
Size	0.025*** (10.57)	T1	-0.001* (-1.92)
Dual	0.040* (2.08)	SOE	-0.040* (-2.16)
Cash	6.347*** (2.72)	调整后 R^2	0.301

如表 5-10 所示,用以检验内部控制影响机制作用的模型(5-3)调整后 R^2 为 0. 301,表明该模型的拟合优度较高,能够用于检验内部控制的实现机制作用。

在职消费与媒体负面报道在 1% 水平上呈显著负相关,表明媒体能够显著制约过度在职消费,从而再次支持了本章的假设 H1。媒体监督与内部控制的交互项在 5% 的水平上与在职消费显著负相关,说明媒体负面报道对过度在职消费的监督约束作用能够通过内部控制质量的提高而得到增强,从而验证了内部控制在媒体负面报道监督在职消费中的实现机制作用,为假设 H2 提供了经验数据支持。

(六) 稳健性检验

为检验上述实证结果的稳健性,本章通过替换关键变量的方法进行了稳健性检验。

首先,参照"第二章　在职消费的计量"稳健性检验中的做法,重新计量在职消费。其次,用定制获得的媒体监督数据替代手工收集得到的媒体监督数据,进而带入模型(5-2)、模型(5-3)进行回归检验。得出的结论见表 5-11、表 5-12,假设 H1、H2 再次得到支持。

表 5-11　假设 H1 的稳健性检验结果

变量	系数	变量	系数
Con_s	1. 168 *** (10. 69)	Lever	-0. 038 (-1. 15)
Media	-0. 494 *** (-15. 32)	MShare	0. 826 *** (15. 24)
Size	0. 026 *** (10. 24)	Ind	-0. 186 (-1. 45)
Dual	0. 038 ** (2. 03)	T1	-0. 001 * (-1. 91)

续表

变量	系数	变量	系数
Cash	0.102** (2.45)	SOE	-0.034* (-1.78)
调整后 R^2		0.287	

表 5-12　假设 H2 的稳健性检验结果

变量	系数	变量	系数
Con_s	1.037*** (9.86)	Lever	-0.042 (-1.13)
Media	-0.486*** (-15.49)	MShare	0.793*** (13.57)
Media×IC	-0.009* (-2.25)	Ind	-0.223 (-1.59)
Size	0.017*** (8.96)	T1	-0.001* (-1.86)
Dual	0.045* (2.31)	SOE	-0.028* (-1.89)
Cash	5.369** (2.43)	调整后 R^2	0.285

五、本章小结

本章主要研究了内部控制在媒体负面报道监督制约过度在职消费中的实现机制作用。通过实证检验与分析，主要得出了以下结论：

1. 在企业生产经营过程中，媒体监督对于过度在职消费有着显著的影响，即：媒体监督与过度在职消费呈显著负相关关系。这一点与"第三章媒体监督与在职消费"中得出的结论相同，再次为其提供了经验支持。

2.内部控制在媒体监督治理在职消费过程中起到了重要的传导机制作用。媒体的负面报道会推动企业加强内部控制、增强对高管过度在职消费行为的规范与制约,进而推动实现媒体负面报道对过度在职消费行为的规范与治理作用。同时,内部控制质量越高,媒体监督对在职消费的抑制作用就会越显著。

第 六 章

媒体监督、行政介入与在职消费

截至目前,媒体监督对在职消费的治理作用已经得到验证,内部控制在媒体影响在职消费过程中发挥的传导机制作用也得到了实证证据的支持。与此同时,在现实生活中,社会公众还深刻感受到了在媒体进行报道引起政府关注和介入后,行政介入对企业高管的在职消费行为所产生的巨大压力与影响。因此,在内部控制这一传导机制之外,也有必要进一步分析和挖掘行政介入在媒体监督制约在职消费过程中发挥的特殊重要作用。本章重点从行政介入角度,对媒体监督制约在职消费的实现路径进行分析,以拓宽和丰富在职消费的影响因素研究。

一、媒体监督通过行政介入治理 在职消费的理论基础

(一) 三层次代理理论

随着企业生产经营规模的不断扩大,所有者兼任经营者的两职合一模式的弊端日益显现。对此,美国经济学家伯利、米恩斯(Berle and Means,1932)

提出了"委托代理理论",倡导为了适应企业日益复杂的管理和生产经营需要,将经营权与所有权剥离开来,企业的日常生产经营活动由专业的职业经理人负责,企业的所有权和剩余索取权则由所有者保留。但是,由于所有者与经营者的目标存在差异,也就随之产生了委托代理问题。根据詹森、梅克林(Jensen and Meckling,1976)的"代理成本理论"(agency cost theory),一方面,所有者希望经营者把"企业价值最大化"放到第一位;但另一方面,经理人却更乐于追求更高的薪酬、更加舒适的办公室享受等,而且两者之间的信息不对称又为经理人谋求自身利益的最大化提供了便利。因此,所有者就需要通过各种途径、采取各种措施来保护自身的利益,进而产生了代理成本。

在此基础上,包括"委托人—监督者—代理人"的三层次代理理论由法国学者让·梯若尔(Jean Tirole)于 1986 年首次提出。该理论认为,精力和能力的限制,以及信息不对称的存在使得所有者难以十分准确地识别和评价管理层的能力与行为。因此,为制约代理人对自身权益的侵占,所有者便聘请监督者去了解、约束代理人的行为,进而减少代理成本。[①] 薪酬委员会就是这一理论在实践中的具体应用。所有者会授权薪酬委员会在了解经理人能力的基础上,设计并制定适应本公司特点的管理层薪酬体系。同时,由于薪酬委员会主要是由拥有丰富专业知识和经验的非执行董事构成,具有较高的独立性,他们也有能力制定出更加适应公司特点、更合理评估和反映经理人业绩的评估体系和薪酬制度,也就能够提前预防、及时发现、有效治理经理人的损害企业及所有者利益的机会主义行为。正因为如此,近几年,越来越多的国内上市公司已经设立了薪酬委员会。

(二) 公司治理理论

伯利、米恩斯(Berle and Means,1932)首次提出"公司治理理论"。根据

---

① 参见 Jean Tirole,"Procurement and Renegotiation",*Journal of Political Economy*,Vol.94,No.2 (April 1986),pp.235-259。

此理论,两权分离背景下,由于信息不对称和委托代理问题的存在,有必要设立合理的激励制度,以制约和监督经理人,同时引导其做出与企业整体利益和所有者利益相一致的决策与选择。

公司治理可进一步区分为狭义的公司治理和广义的公司治理。狭义公司治理主要是所有者对经理人的约束和监督,通过股东大会、董事会、监事会以及设立的公司内部治理结构对公司日常运营进行治理。正如詹森、梅克林(Jensen and Meckling,1976)所认为的,有效的公司治理能够成功地处理所有者和代理人之间的利益关系,进而促进股东利益的最大化。施莱费尔、维什尼(Shleifer and Vishny,1997)依据"股东优先理论"(shareholder priority theory)也指出,公司治理的目标应该是所有者即股东价值最大化。

然而,随着企业外部经济社会环境以及内部生产经营活动的日益复杂和进一步发展,人们逐渐意识到仅仅考虑所有者的利益是不合适的。"利益相关者理论"(stakeholder theory)的提出也使得广义公司治理越来越广泛地被人们认识和接受。广义公司治理认为,公司治理不仅要关注股东的利益,而且要考虑所有影响企业目标实现的相关者,如供应商、消费者、债权人等。公司治理是一系列关于法律、制度、文化的综合安排,用于索取企业的控制权或分配剩余[布莱尔(Blair),1995],是为了协调所有内外部利益相关者之间的利益关系而运用的一套正式、非正式的企业内外部管理机制(李维安,2001)。利益相关者为维护自身利益,会尽可能采取措施监督企业运营,限制经理人损害其利益的行为。

(三) 政府规制理论

不完全竞争、信息不对称以及市场的外部性等市场不完备性会导致市场失灵。正因为如此,政府规制就有了存在的必要。政府规制通过制定具有强制力的法律、规章以及明确相应的惩罚措施,来约束、协调市场经济中的利益冲突,实现资源的优化配置。正如格拉泽、施莱费尔(Glaeser and Shleifer,2001)、陈冬华等(2008)所指出的,行政机构的介入可以给经理人带来巨大的压力,限制其损害公司利益、追求自身享受的行为。因此,行政介入能够在某种程度上发挥维护中小投资者利益的作用。

然而,信息不对称的存在不仅造成了两权分离条件下委托代理问题与代理成本的产生,也为行政机构自身治理职能的发挥带来了很大的阻碍。尤其是随着现代企业的规模越来越大、经营活动越来越复杂,在职消费本身还具有一定的隐蔽性和模糊性,因此,行政机构往往难以直接发现不恰当的在职消费行为并及时予以规范与治理。相比之下,作为信息收集者及发布者的媒体能够通过发布相关报道引发行政机构的关注,进而帮助行政机构发现并及时制止经理人的机会主义行为。

同时,媒体报道还可以降低企业寻租对行政机构治理的影响。每个级别的行政机构都有各自特定的监督治理范围,一般不会打破这种在行政级别或行政主管区域上的界限去监管其他行业或区域。因此,在没有媒体报道时,一旦相应区域的行政机构被辖区内的企业拉拢或收买,很可能会导致政府规制机制的短暂与选择性失效;相反,当某企业的违规行为被媒体曝光并在社会上引起热烈讨论时,该报道不仅会引起同级或同区域行政机构的关注,而且很可能会引起更高级别行政机构的关注,进而对违规的企业、经理人以及被收买的政府人员进行彻底调查与处罚,从而推动行政机构更有效地发挥治理职能。

由此可以认为,媒体报道对公司高管在职消费行为的监督可以通过行政介入这一途径来实现,而且行政介入与否、行政介入的程度如何都会对媒体报道的治理效果产生不同的影响。

二、媒体监督通过行政介入治理在职消费的理论分析与假设提出

（一）媒体监督能够持续有效治理在职消费

1.媒体监督能够约束在职消费

依据媒体治理理论,公司众多的利益相关者对信息的需求千差万别。若是仅仅依靠年报、公告等公司自身披露的信息,将难以满足利益相关者的需要。同时,虽然中国证券监督管理委员会(以下简称证监会)详细规定了上市公司的信息披露等事项,但披露质量到底如何在各个上市公司之间也存在较大差异,股东等其他利益相关者作为企业外部人更是难以准确判定公司信息披露质量的高低。相比之下,媒体作为一种媒介向社会各界传递信息,有助于降低企业外部的利益相关者与公司管理层的信息不对称,增强并提高前者对公司的了解与监督力度。因此,在我国处于经济转轨时期、相关法律法规不够健全进而导致所有者的监督效果不够理想的情况下,很有必要充分利用法律外制度因素,特别是媒体监督,来解决过度在职消费等公司治理问题。

进一步地,媒体之所以具有对在职消费行为的监督约束作用,一方面是因为新闻报道,尤其是能够引起轰动的报道,能够吸引公众的目光,进而提升对媒体自身的关注度;另一方面是因为人们对某一新闻报道及其相关媒体的关注,不仅取决于报道内容是否具有轰动性,而且取决于信息是否真实。如果媒体为了追求轰动效应而降低新闻报道的质量甚至制造假新闻,就会严重损害其声誉,进而会被逐渐驱逐出媒体市场。在此过程中,尤其在我国加大反腐力度的背景下,社会公众对于在职消费的报道具有极高的兴趣和较高的关注度。为迎合公众偏好、应对市场需求,媒体愿意挖掘上市公

司不合理的在职消费行为并对其进行报道,也就能够对公司高管的在职消费行为发挥更好的监督约束作用。由此,本章提出假设 H1a。

H1a:媒体监督能够约束当期在职消费,即:媒体负面报道次数与在职消费水平呈显著负相关。

2.媒体监督对在职消费的约束作用具有可持续性

由于各大媒体报道的时点并不确定,也不唯一,有些还会持续相当长一段时间来进行跟踪报道,公司也需要一定的时间来制定有效措施、规范与治理在职消费。因此,媒体监督对在职消费的约束作用可能会持续到下一年。由此,本章提出假设 H1b。

H1b:媒体监督对在职消费的约束作用具有可持续性,即:媒体负面报道能够显著制约下期在职消费。

(二) 媒体监督通过行政介入发挥治理作用

1.媒体监督通过行政介入治理在职消费

如前所述,媒体能够通过曝光公司高管的过度在职消费行为,对上市公司进行监督。但媒体监督并不等同于媒体治理,媒体监督要发挥其治理作用需要借助一定的传导机制。

学者们普遍认为,媒体监督发挥公司治理作用是借助了声誉机制[法马(Fama,1980);法马、詹森(Fama and Jensen),1983;戴克、津加莱斯(Dyck and Zingales),2002]。国内学者,如罗宏等(Luo et al.,2013)同样认为,媒体监督作为一种外部监督是通过声誉机制实现其公司治理的作用的。

在我国,由于经理人市场尚不完善,媒体监督的声誉机制在我国资本市场中并不能有效地发挥作用(黄雷、李明,2012),行政介入传导机制受到大多数学者的认同。李培功、沈艺峰(2010)研究指出,我国处于经济转轨时期,行政介入机制能够更好地发挥媒体对公司的治理作用。杨德明、赵璨(2012)也指出,政府及行政机关的介入能够更好地监督管理人员的薪酬状况。因此,可以认为,媒体对负面消息的报道通过行政介入这一传导机制来实现对上市公司经理人在职消费行为的监督治理作用。由此,本章提出假设 H2a。

H2a:媒体监督通过行政介入发挥对在职消费的治理作用。

2. 行政介入的治理效果因介入方式的不同而有所差异

媒体有关公司高管不合理在职消费行为的新闻报道,能够引起行政机构的关注乃至介入,如行政机构进入上市公司调查、对存在的过度在职消费行为的企业和个人进行惩处,包括罚款、公开谴责、市场禁入、刑事处罚等,从而使得公司高管不得不收敛自身的不合理行为,减少过度在职消费支出。与此同时,行政介入后对高管的惩罚越严重、惩戒力度越大,对高管的警示和震慑作用就越明显,对其过度在职消费行为的治理作用就越显著。由此,本章提出假设 H2b。

H2b:行政介入最终的处罚措施越严重,媒体监督对在职消费的治理作用越显著。

三、媒体监督通过行政介入治理
在职消费的研究设计

(一) 样本选择与数据来源

本章选取 2010 年至 2014 年沪深两市 A 股上市公司为初始研究样本,同时按照下列标准对初始样本进行剔除:(1)剔除金融和保险行业上市公司,因为这类上市公司在会计制度和财务特征方面有特殊性;(2)剔除业绩较差的 ST、*ST 公司,因为其极端值会对结果有不利影响;(3)剔除相关数据缺失的公司。经筛选,最终得到有效样本 3515 个,其中,2010 年 665 个、2011 年 693 个、2012 年 919 个、2013 年 955 个、2014 年 283 个。

本部分研究所用数据中,在职消费(指狭义在职消费,即过度在职消费)数据根据"第二章　在职消费的计量"中构建的模型(2-1)回归得到;媒体监督数据通过查阅深圳国泰安数据库并进行手工整理或定制得到;行政介入数据从《中国重要报纸全文数据库》中手工收集得到。此外,研究中列示的独立董事比例、高管持股比例以及机构持股比例等与公司治理特征相关的数据以及财务数据等,均通过深圳国泰安数据库下载得到。

本研究运用 Microsoft Excel 对数据进行初步整理,运用 Stata 12.0 对样本进行实证检验和分析。

(二) 变量选取

1.被解释变量

本章的被解释变量是在职消费。这里的在职消费是狭义的理解,即仅仅指过度在职消费。具体根据"第二章　在职消费的计量"中在职消费合理水平的估算模型(模型 2-1)的计量结果并选取其中残差大于零的部分后得到。

2.解释变量

本章的解释变量有两个:行政介入与媒体监督。

媒体监督数据通过手工收集或定制得到。其中,手工收集的媒体监督数据的获得方法同"第三章　媒体监督与在职消费"中媒体监督的变量设计及数据来源。

行政介入数据通过在手工收集到的媒体负面报道中进一步搜集并整理涉及国资委、证监会、政府、证券交易所等与行政介入有关的关键词并统计其出现的次数得到,进而确定是否存在行政介入以及行政介入的程度如何。

3. 控制变量

本研究的控制变量主要有两类:第一类是公司治理变量,包括股权集中度、高管持股比例、两职兼任、独立董事比例、监事会规模、高管货币薪酬、机构投资者持股比例;第二类是公司财务特征变量,包括公司规模、财务杠杆、营业毛利率等。此外,行业性质、年度变量也是本研究的控制变量。具体的变量定义如表 6-1 所示。

表 6-1　变量定义表

变量	变量名称	变量符号	变量定义
被解释变量	在职消费	OPerks	过度在职消费
解释变量	媒体监督	Media	媒体负面报道次数(NMC)加 1 后的自然对数
	行政介入	Gov	媒体负面报道中出现行政介入类关键词的次数之和
控制变量	股权集中度	T1	第一大股东持股比例
	高管货币薪酬	LnMPay	高管货币薪酬总和的自然对数
	高管持股比例	MShare	高管持股数/公司总股数
	两职兼任	Dual	虚拟变量,当董事长和总经理为同一人时,令其为 1,否则为 0
	独立董事比例	Ind	独立董事人数与董事会人数之比
	监事会规模	SS	监事会人数与员工总人数之比
	机构持股比例	Ins	机构持股数量/公司总股数
	财务杠杆	Lever	资产负债率,等于期末负债总额/期末资产总额
	公司规模	Size	期末总资产的自然对数
	营业毛利率	MRate	营业毛利率=(营业收入-营业成本)/营业收入
	产权性质	SOE	虚拟变量。国有企业为 1,否则为 0
	行业性质	Ind	设 12 个行业哑变量
	年度变量	Year	设 4 个年度哑变量

(三) 模型构建

综合国内外学者的相关研究,上市公司在职消费能够通过媒体监督进行治理。然而,在职消费不仅仅受媒体监督的影响,公司内外部治理机制以及公司财务等特征也会对其产生影响。同时,公司内外部治理机制设计的越合理、公司经营与发展水平越高,媒体监督对在职消费行为的约束效果就越明显。因此,本章在设计媒体监督对在职消费治理作用的实证检验模型时,不仅会控制公司治理因素,而且会控制公司的规模、产权性质、财务杠杆、营业毛利率等财务特征以及行业性质、年度变量等影响在职消费的因素。

首先,为了验证媒体监督对样本公司当年在职消费水平的约束作用(假设 H1a),构建回归模型(6-1):

$$OPerk_{i,t} = a_0 + a_1 Media_{i,t} + a_2 Controls_{i,t} + \varepsilon_{i,t} \qquad 模型(6-1)$$

之后,为检验媒体监督对在职消费的治理作用是否存在可持续性(假设 H1b),构建模型(6-2):

$$OPerks_{i,t} = \beta_0 + \beta_1 Media_{i,t} + \beta_2 Media_{i,t-1} + \beta_3 Controls_{i,t} + \mu_{i,t}$$

$$模型(6-2)$$

其次,为了验证行政介入在媒体监督对在职消费治理作用中所发挥的传导机制作用(H2a),参考李焰、秦义虎(2010)采用交叉变量检验的方法验证在职消费通过员工工资影响企业业绩的做法,在引入交叉变量 $Media \times Govl$ 的基础上构建模型(6-3):

$$OPerks_{i,t} = \gamma_0 + \gamma_1 Media_{i,t} + \gamma_2 Gov_{i,t} + \gamma_3 Media_{i,t} \times Gov_{i,t} +$$
$$\gamma_4 Controls_{i,t} + \lambda_{i,t} \qquad 模型(6-3)$$

模型(6-3)同样可以用于假设 H2b 的检验。

上述模型中,t 表示第 t 年;ε、μ、λ 分别表示各模型的随机扰动项;各变量的具体含义见表 6-1。同时,考虑到本章涉及的控制变量较多,所有的控制变量通过 $Controls$ 来总括反映,以使模型看起来更加简洁。

四、媒体监督通过行政介入治理在职消费的实证结果与分析

（一）描述性统计

本研究的全样本描述性统计结果见表6-2。

表6-2　全样本描述性统计（N＝3515）

变量	最大值	最小值	均值	标准差
Operks	3.425	0.002	0.581	0.513
NMC	49	0	11.319	12.981
Gov	14	0	0.070	0.497
LnMpay	13.425	9.256	11.251	1.575
Dual	1	0	0.283	0.451
T1	84.106	13.641	23.603	15.305
SS	1.556	0.000	0.020	0.054
Ind	0.800	0.333	0.368	0.060
Size	23.440	19.813	21.876	1.241
Lever	0.731	0.057	0.463	0.237
MShare	0.868	0.000	0.126	0.513
MRate	0.934	-0.649	0.271	0.178
Ins	0.984	0.000	0.168	0.182
SOE	1	0	0.440	0.496

根据表6-2，我们可以看到，在3515个样本公司中，在职消费的最小值为0.002，最大值为3.425；媒体关于上市公司在职消费负面报道的最高次数为49，最低次数为0，平均次数为11.319，标准差为12.981。造成如此大差异的主要原因在于，媒体往往为了吸引公众眼球、博取社会关注度而争相

报道社会知名度高的公司、忽视知名度低的公司,甚至还会在一段时间内对高知名度公司的在职消费事件进行跟踪和持续报道。

行政介入的最高次数为 14,最低次数为 0,平均次数为 0.07,而且在被媒体负面报道的上市公司中涉及行政介入的样本公司占全部样本的 36.29%,这说明了行政介入与媒体负面报道综合作用于上市公司高管在职消费行为的概率还是比较高的。

此外,表 6-2 的数据也说明,样本公司独立董事比例的平均值是 36.8%,最小值是 33.3%,最大值是 80%,可见绝大部分的上市公司能够按照国家的相关规定设立必要的独立董事,但在全部的样本公司当中,独立董事比例为 33.33% 的上市公司占全部样本公司的 54.4%,可见大部分的上市公司并不是为了真正对管理层的生产经营活动进行监督而去设置独立董事机制,而仅仅为了满足证券监督管理委员会关于"上市公司必须设立不低于三分之一比例的独立董事"的硬性要求。由此可以推断,我国上市公司独立董事机制并不能使公司治理的监督约束机制得到有效的发挥。

总经理与董事长两职兼任的平均值是 0.283,表明在样本公司中,存在两职兼任的公司占比为 28.3%。同时,样本公司的管理层持股比例也存在较大的差异,其最大值为 86.8%,最小值为 0,标准差为 0.513。作为一种备受企业推崇的股权激励手段,管理层持股有助于缓解高管与股东之间的利益矛盾。

(二) 相关性分析

为了证明各个变量之间没有严重的多重共线性,本研究对所构建模型中的各个变量进行了 Pearson 相关性分析,表 6-3 显示了相关的数据结果。可以看出,表中各变量之间的相关性系数全部小于 0.5,这说明所构建模型中各变量之间不存在严重的多重共线性,可以用于实证模型进行检验。同时,媒体监督与行政介入均与在职消费显著负相关(相关系数分别为 -0.045 和 -0.018,且均在 1% 水平上显著),初步支持了假设 H1a 和 H2a 的结论。

表 6-3　变量之间的 Pearson 相关系数表

变量	Operks	Media	Gov	T1	LnMpay	Mshare	Dual	SS	Ind	Ins	Lever	Size	MRate	SOE
Operks	1													
Media	-0.045***	1												
Gov	-0.018***	0.421***	1											
T1	-0.082*	-0.035*	0.001*	1										
LnMpay	0.406***	0.014***	0.021***	0.004***	1									
Mshare	-0.066***	-0.021***	-0.043***	0.074***	-0.074***	1								
Dual	0.007*	0.016***	-0.014***	0.055***	0.095***	0.318***	1							
SS	-0.283***	-0.013*	-0.001*	-0.055***	-0.159***	0.125***	0.108***	1						
Ind	-0.035*	-0.001*	-0.031*	-0.058*	-0.001*	0.103*	0.126**	0.048*	1					
Ins	0.138*	0.021*	0.031*	-0.331*	0.222*	-0.155*	0.005*	-0.046**	-0.004**	1				
Lever	0.204**	0.037**	0.046*	-0.062*	0.111***	-0.383***	-0.200***	-0.163***	-0.026***	-0.003***	1			
Size	0.502***	0.027**	0.033***	-0.232***	0.472***	-0.348***	-0.229***	-0.310***	0.007***	0.093***	0.437***	1		
MRate	0.098**	0.012**	-0.030**	0.051*	0.108*	0.263**	-0.192*	0.101	0.023*	0.115**	-0.468**	-0.249**	1	
SOE	-0.237***	0.425***	0.364**	-0.68**	-0.357**	-0.229**	-0.137**	0.149**	0.096**	-0.037*	-0.219**	0.138**	-0.237**	1

（三）多元回归分析

根据本研究的变量定义和模型构建,使用 Stata 12.0 对相关数据进行多元回归分析,检验媒体对在职消费的负面报道是否会对上市公司高管的在职消费行为产生抑制作用;检验媒体报道对在职消费是否具有持续性的治理作用,能否对管理层谋取私利的行为产生持久的影响;检验行政介入是否是实现媒体的治理作用的传导机制;检验行政介入的程度不同是否会对媒体治理的效果产生影响。在此过程中,还进行了根据公司实际控制人的不同分别对国有企业、非国有企业的上述问题区分样本进行了检验。

1. 媒体监督对同期在职消费影响的分析

表 6-4 的数据是媒体监督对在职消费影响的回归结果。根据表 6-4,全样本的调整后 R^2 为 0.401,自变量媒体监督和所有的控制变量能够很好地解释因变量在职消费,回归函数有较高的拟合优度,这说明模型有较好的预测性,模型的设计有效。

表 6-4　假设 H1a 的回归结果(N = 3515)

变量	检验结果	变量	检验结果
Con	-1.210^{***} (−2.48)	Ins	0.379 (1.36)
Media	-0.181^{***} (−2.68)	Lever	0.408^{***} (2.63)
Ind	−0.237 (−0.83)	MRate	1.496^{***} (4.22)
Dual	0.216^{***} (2.72)	Size	0.531^{***} (2.91)
SS	-0.414^{***} (−2.54)	SOE	-0.084^{**} (−2.37)
LnMPay	0.210^{***} (3.14)	Industry	控制

续表

变量	检验结果	变量	检验结果
MShare	0.277*** (3.05)	Year	控制
T1	0.000 (0.109)	调整后 R^2	0.401

根据表 6-4,在全样本检验中,媒体监督与过度在职消费在 1% 的水平下通过了实证检验,且显著为负,表明媒体负面报道次数能够在 1% 的统计水平上显著制约在职消费,从而支持了假设 H1a,即当年的媒体负面报道可以显著降低高管的在职消费水平,有效缓解上市公司高管的过度在职消费行为。

同时,除了媒体监督以外,两职兼任、监事会规模、高管货币薪酬、高管持股都在 1% 的统计水平上与在职消费显著相关,但是第一大股东持股比例、独立董事比例都没有显著影响在职消费。其中,高管货币薪酬的相关系数是 0.210,监事会规模的相关系数是 -0.414,说明高管的货币薪酬越高、监事会的规模越小,上市公司就会具有越高的在职消费水平。这一结论与陈冬华等(2005),李宝宝、黄寿昌(2012)得出的研究结果基本一致。可能的原因是,正如树友林(2011)所认为的,上市公司高管的权力与其在职消费水平具有正向的相关关系。但伴随着日益复杂的经营活动和不断扩大的现代企业规模,以分权为特点的管控模式导致管理层权力下放,公司内部各个岗位之间相互的权力制衡也使得高管通过在职消费获取私有收益的机会进一步减少。① 此外,两职兼任的回归系数是 0.216,表明当上市公司的总经理和董事长由同一个人担任时,高管有较高的在职消费水平。这可能是由于,在总经理和董事长由同一人担任时,总经理的职权会增大,并会产生

---

① 参见树友林:《高管权力、货币报酬与在职消费关系实证研究》,《经济学动态》2011年第 5 期。

"自己监督自己"的现象,使得总经理有更多的可能性、更强的动机来利用自己的职权谋取私利,从而在整体上加剧过度在职消费。独立董事比例对在职消费的影响虽然不显著,但其系数却为负,这表明在我国上市公司独立董事机制能够在一定程度上监督约束公司高管的在职消费行为,但此作用目前还不显著,尚有待进一步加强和完善。上市公司之所以设立独立董事,更多是为了满足相关法律法规的要求。

从公司财务特征的角度来看,企业规模、营业毛利率、财务杠杆都在1%的统计水平上显著,产权性质也在5%的水平上与在职消费显著负相关。其中,财务杠杆的回归系数是 0.408,表明财务杠杆与公司高管的在职消费水平具有显著的正相关关系,财务杠杆越大、企业风险越高,高管过度在职消费水平就越高,这与王满四(2006)、吕长江等(2007)得出的研究结果一致,表明我国上市公司的债权人并没有很好地发挥监督约束高管机会主义行为的作用;相反地,由于负债融资可以增加公司的现金流量,进而增加公司高管可以支配和控制的资源,从而使得企业高管对公司的资源进行利益侵占变得更加容易。营业毛利率、企业规模的回归系数显著为正,表明公司的盈利水平越高、规模越大的企业,其存在的过度在职消费金额就会越大。

2. 媒体监督治理效用的可持续性检验

为了检验媒体监督对在职消费的治理作用是否是可持续的,本研究基于模型(6-2)对全样本数据进行了回归检验,结果见表6-5。

根据表6-5,调整后 R^2 为 0.386,较表6-4 中的调整后 R^2 有所下降,说明在将当年的媒体监督变量进行滞后变成新的变量并利用模型(6-2)进行实证检验时,解释变量和控制变量对因变量在职消费的解释能力有所降低。这可能是因为滞后过程中,可用的数据从 5 年缩短到了 4 年,实证样本数量也相应从滞后前的 3515 个减少到了 2719 个。

从具体的回归结果看,上年媒体监督对在职消费的回归系数是 -0.053,但是并不显著,表明上年的媒体负面报道虽然能够有助于减少当年的过度在职消费支出,但并没有显著的影响,媒体监督的治理作用没有表现出显著的可持续性,假设 H2b 未得到完全支持。对此,我们认为,这一结果主要是受到媒体报道的影响本身具有时效性的影响。媒体并不会持久地关注某个在职消费事件,当社会对该在职消费事件的热度、关注度下降以后,媒体就会转向能够激发公众兴趣和关注的新事件,而不愿意对同一事件进行长期的重复报道。不仅如此,在某一事件发生后的一段时期内,媒体报道产生的影响才会发挥作用。具体表现就是在媒体报道后相对较短的时间内,迫于舆论的压力,上市公司高管会及时做出反应,以免事态严重,对公司及高管个人的声誉产生更为负面、不可挽回的损失。这样,媒体监督对在职消费的治理效用自然就不会具有显著的可持续性。

表 6-5 假设 H1b 的回归结果(N = 2719)

变量	检验结果	变量	检验结果
Con	-0.953^{*} (-1.97)	MShare	0.385^{***} (3.71)
$Media_{i,t}$	-0.162^{***} (-2.75)	T1	-0.001 (-0.16)
$Media_{i,t-1}$	-0.053 (-0.88)	Ins	0.343^{*} (1.82)
Ind	0.215 (0.65)	Lever	0.361^{***} (2.85)
Dual	0.221^{***} (2.64)	MRate	1.490^{***} (4.61)
SS	-0.277^{***} (-2.97)	Size	0.532^{***} (3.12)
LnMPay	0.199^{***} (2.99)	SOE	-0.032^{*} (-2.28)
Industry	控制	Year	控制
调整后 R^2		0.386	

3. 媒体监督治理作用实现的路径检验

经过模型(6-1)的回归检验,媒体监督能显著降低同期的过度在职消费,那么作为外部人的媒体是通过何种机制来影响上市公司高管的这一机会主义行为的呢？为了验证媒体治理在职消费行为是否通过引入行政介入这一机制,本研究借助模型(6-3)对这一问题进行了实证检验,具体结果见表6-6。

表 6-6 假设 H2a 的回归结果(N=3515)

变量	检验结果	变量	检验结果
Con	−1.135** (−2.34)	T1	0.000 (0.11)
Media	−0.150*** (−2.58)	Ins	0.370* (1.68)
Gov	−0.015* (−1.87)	Lever	0.402*** (2.76)
Media1×Gov	−0.217*** (−3.95)	MRate	1.437*** (3.23)
Ind	−0.277 (−0.97)	Size	0.527*** (2.77)
Dual	0.211*** (3.09)	SOE	−0.031*** (−2.71)
SS	−0.457*** (−2.66)	Industry	控制
LnMPay	0.210*** (3.46)	Year	控制
MShare	0.274*** (3.03)	调整后 R^2	0.386

根据表6-6,媒体监督与行政介入的交叉变量的回归系数为−0.217,且在1%的水平上显著,表明当媒体负面报道引发行政机构介入时,会显著增强媒体监督对在职消费的治理效应,假设 H2a 得到支持。这可能是因为通过引起上级主管部门、司法机关等行政机构对媒体负面报道中涉及的公司高管及其公司进行关注、调查及处分等,媒体监督将本身所具有的间接的外部治理作用引申为对这些公司高管机会主义行为的直接压力,进而促使其

迅速、有效地收敛有损公司及股东利益的过度在职消费行为。此外,媒体监督与在职消费在 1% 的水平上显著负相关,说明当年的媒体监督对同期的过度在职消费行为具有显著的治理作用,假设 H1a 再次得到支持。

4. 行政介入方式对其传导机制效果影响的检验

根据中国证监会《关于进一步完善中国证券监督管理委员会行政处罚体制的通知》中的相关规定,监管谈话、通报批评、公开谴责、责令整改属于非行政处罚性监管措施。根据《行政处罚法》中的规定,警告、罚款、责令停产停业、没收非法财物、没收违法所得、暂扣或者吊销执照、暂扣或者吊销许可证、行政拘留等属于我国行政处罚的种类。由此,本研究对在职消费行为的介入方式分为非行政处罚(Gov = 0)与行政处罚(Gov = 1),并运用模型(6-3)分别对其进行了回归检验,表 6-7 显示了这一样本检验的回归结果。

依据表 6-7 的数据,两类样本中媒体监督都显著抑制了在职消费,但是非行政处罚样本中媒体监督与行政介入的交互项在 5% 的水平上显著负相关,而行政处罚样本中媒体监督与在职消费的交互项在 1% 的水平上显著负相关,这说明行政处罚方式的行政介入在促进媒体监督发挥治理作用的效应要显著强于非行政处罚方式的行政介入。也就是说,行政介入导致处罚的严重性越强,媒体的负面报道对在职消费水平的治理作用越显著,假设 H2b 得到验证。

表 6-7　假设 H2b 的回归结果

变量	检验结果	
	Gov = 1(N = 2139)	Gov = 0(N = 1376)
Con	-1.048^{**} (-2.06)	-0.987^{*} (-1.892)
Media	-0.119^{**} (-2.23)	-0.136^{**} (-2.38)
Gov	-0.013^{*} (-1.78)	-0.012^{*} (-1.76)

续表

变 量	检验结果	
	Gov = 1(N = 2139)	Gov = 0(N = 1376)
Media1×Gov	-0.217*** (-3.45)	-0.104** (-2.26)
Ind	0.108 (0.47)	0.125 (0.61)
Dual	0.196*** (3.60)	0.208*** (3.96)
SS	-0.265*** (-2.67)	-0.712*** (-2.79)
LnMPay	0.186*** (3.54)	0.195*** (3.95)
MShare	0.257*** (2.91)	0.238*** (2.75)
T1	0.001 (0.13)	0.000 (0.09)
Ins	0.251* (1.94)	0.318 (1.39)
Lever	0.312*** (2.76)	0.368*** (3.28)
MRate	0.250*** (3.23)	0.377*** (3.39)
Size	0.386*** (2.71)	0.459*** (2.88)
SOE	-0.026*** (-2.68)	-0.018** (-2.35)
Industry	控制	控制
Year	控制	控制
调整后 R^2	0.346	0.317

（四）　稳健性检验

为了检验实证结果的稳健性,本部分进一步对媒体监督的作用进行了稳健性检验,也对行政介入的传导机制进行了稳健性检验。

首先,将媒体监督的替代变量由主检验中的媒体负面报道次数替换成定制所得的媒体负面报道次数;用"扣除税金、固定资产折旧、无形资产摊销等一些明显不属于在职消费项目后的管理费用"作为新的在职消费的替代变量重新计量过度在职消费;将前文手工收集的行政介入数据替换成上市公司违规处理数据库中披露的行政介入数据,分别对得到假设支持的H1a、H2a 和 H2b 进行了稳健性检验,具体结果见表 6-8、表 6-9 和表 6-10。不难看到,稳健性检验得到的回归结果与主检验基本一致,假设 H1a、H2a 和 H2b 再次得到支持。

表 6-8　媒体监督对在职消费治理作用的稳健性检验结果（N=3532）

变量	检验结果	变量	检验结果
Con	−1.087*** (−2.43)	Ins	0.096 (1.42)
Media	−0.149*** (−2.75)	Lever	0.156** (2.33)
Ind	−0.251 (−0.63)	MRate	0.243*** (3.73)
Dual	−0.164*** (−3.17)	Size	0.514*** (3.36)
SS	−0.618*** (−2.88)	SOE	−0.046* (−1.87)
LnMPay	0.132*** (3.15)	Industry	控制
MShare	0.146** (2.34)	Year	控制

续表

变量	检验结果	变量	检验结果
T1	0.000 (0.21)	调整后 R^2	0.379

表 6-9　行政介入实现机制作用的稳健性检验结果($N=3532$)

变量	检验结果	变量	检验结果
Con	-1.034^{**} (-2.19)	T1	0.000 (0.19)
Media	-0.071^{**} (-2.26)	Ins	0.095 (1.42)
Gov	-0.080^{*} (-1.72)	Lever	0.153^{**} (2.29)
Media1×Gov	-0.022^{***} (-2.93)	MRate	1.295^{***} (3.23)
Ind	-0.043 (-0.23)	Size	0.514^{***} (3.31)
Dual	0.184^{***} (3.19)	SOE	-0.027^{*} (-1.81)
SS	-0.784^{***} (-3.85)	Industry	控制
LnMPay	0.132^{***} (3.11)	Year	控制
MShare	0.144^{***} (-2.51)	调整后 R^2	0.361

表 6-10　不同行政介入方式治理作用的稳健性检验结果

变量	检验结果	
	Gov=1($N=2263$)	Gov=0($N=1269$)
Con	-1.023^{**} (-1.97)	-0.996^{*} (-1.9)

变量	检验结果	
	Gov = 1(N = 2263)	Gov = 0(N = 1269)
Media	−0.109** (−2.12)	−0.118** (−2.45)
Gov	−0.011** (−2.07)	−0.013* (−1.79)
Media1×Gov	−0.209*** (−3.43)	−0.103** (−2.16)
Ind	0.098 (0.42)	0.152 (0.70)
Dual	0.172*** (2.46)	0.197*** (2.78)
SS	−0.259** (−2.58)	−0.895*** (−2.74)
LnMPay	0.164*** (3.45)	0.185*** (3.49)
MShare	0.249*** (2.86)	0.213*** (2.68)
T1	0.001 (0.14)	0.001 (0.132)
Ins	0.234* (1.79)	0.391* (1.66)
Lever	0.298*** (2.78)	0.409*** (3.45)
MRate	0.232*** (3.278)	0.214*** (2.86)
Size	0.289*** (2.71)	0.274*** (2.59)
SOE	−0.043*** (−2.97)	−0.020** (−2.53)
Industry	控制	控制
Year	控制	控制
调整后 R^2	0.312	0.297

五、本章小结

依据上市公司 2010 年至 2014 年沪深 A 股上市公司数据,本章研究考察了媒体监督对在职消费的治理作用及其通过行政介入的实现机制,并在理论分析、假设提出、实证检验与结果分析的基础上得出以下结论:

1. 媒体负面报道与同期上市公司高管的在职消费水平之间具有显著的负相关关系,即在对公司的财务特征、内部治理以及不包括媒体监督的外部治理机制进行控制后,当年的媒体负面报道能够显著降低高管的在职消费支持。然而,媒体监督的这一治理作用并不具有可持续性,上年的媒体负面报道并不能显著影响和制约当年的在职消费水平。这主要是因为新闻报道具有时效性。仅仅在负面消息报出后的一段时期之内,上市公司管理层才可能会积极应对并自觉约束自己的行为,但不久之后,尤其是媒体及社会公众对自己的关注热度消退后,高管可能就会故态萌发,再次发生之前的过度消费行为,进而使得媒体报道治理过度在职消费的作用并不具有"可持续性"。

2. 通过引起行政介入这一机制,媒体监督可以治理在职消费行为。为检验行政介入在媒体监督影响在职消费过程中发挥的中介作用,本章引入了媒体监督与行政介入的交叉变量并借助模型进行检验后发现,当媒体负面报道能够引起行政机构介入时,媒体监督治理在职消费的效应会得到增强,也就是说,通过行政介入这一实现机制,媒体监督可以更好地发挥对高管过度在职消费行为的监督与约束。此外,行政介入的具体方式会影响其作为实现机制的效果呈现。具体而言,行政介入所引发的处罚越严重,上市公司管理层越会收到强烈的警示作用,媒体监督对高管过度在职消费行为的治理作用就越显著。

第 七 章

媒体监督、在职消费与公司绩效

如前文所述,媒体监督能够有效地监督和治理在职消费,且此作用往往通过内部控制、行政介入等机制来实现。那么,在职消费有何经济后果,会对企业绩效产生影响吗? 在媒体的监督治理下,这一影响会有所改变吗? 为解决上述疑问,本章主要对在职消费与公司绩效的关系,以及媒体监督对此关系的影响进行探讨,以丰富和深化在职消费的经济后果研究。

一、国内外文献回顾

近年来,国内外学者对在职消费及其相关问题进行了大量的研究,包括对在职消费经济后果的研究。由于学术界对在职消费的成因和经济属性的研究尚未达成一致,对在职消费经济后果的研究也就形成了两种截然相反的观点,即与在职消费的成因相辅相成的经济后果的代理观和效率观。

(一) 在职消费经济后果的代理观

代理观认为,在职消费是代理成本的一部分[格罗斯曼、哈特(Grossman

and Hart),1980],会损害公司价值。詹森、梅克林(Jensen and Meckling,1976)指出,在职消费是管理者通过侵占公司资源去实现个人利益最大化的行为,这种行为有损公司价值。① 耶马克(Yermack,2006)进一步指出,在职消费是一种将公司资源秘密转移的行为,会直接减少公司价值,并在一定程度上引起公司其他员工的敌视,加速公司规模减少、不道德行为的发生和员工士气低沉。② 蔡洪斌等(Cai et al.,2011)发现,业务招待费、差旅费等的存在会降低企业的生产效率。③ 罗炜等(Luo et al.,2011)的研究也证明,高水平的在职消费会给企业的运营效率带来负面影响。古尔等(Gul et al.,2011)也发现,在职消费规模与财务报告的质量有着反向相关关系,进而影响了股票价格的信息质量。柯尼恩、何(Conyon and He,2011)指出,在职消费这种现象不是因为薪酬契约的存在造成的,而是管理层毫无节制的贪欲引起的,而且在职消费会严重地影响到企业的绩效。此外,许年行等(Xu et al.,2014)还研究了在职消费在市场方面的影响,发现高管有为了享受在职消费而长期隐藏坏消息的强烈动机,进而导致企业的股票未来发生暴跌的风险加大。

国内学者大多从公司内部治理出发,探讨内部治理因素、在职消费与公司业绩之间的关系,进而对在职消费经济后果进行研究。在职消费的代理观也得到了国内众多学者的支持。卢锐等(2008),罗宏、黄文华(2008),张力、潘青(2009),冯根福、赵珏航(2012)等均认为,在职消费与公司绩效负相关。具体来说,卢锐等(2008)发现,给予管理层更多的权力会提升其在职消费水平,但不能提高公司绩效,而且非国有上市公司的在职消费较高,但公司绩效却没有相应的较好表现。罗宏、黄文华(2008)在聚焦国有企业

---

① 参见 M.C. Jensen, W.H. Meckling, "Theory of the Firm, Managerial Behavior, Agency Costs and Ownership Structure", *Journal of Financial Economics*, Vol.3, No.4(1976), pp.305–360。

② 参见 D.Yermack, "Flights of Fancy: Corporate Jets, CEO Perquisites, and Inferior Shareholder Returns", *Journal of Financial Economics*, Vol.80, No.1(April 2006), pp.211–242。

③ 参见 H.B.Cai et al., Eat, Drink, "Firms and Government: an Investigation of Corruption from the Entertainment and Travel Costs of Chinese Firms", *Journal of Law & Economics*, Vol.54, No.1(February 2011), pp.55–78。

后发现,在职消费会对公司绩效产生负面影响。陈其安、李红强(2013)也发现,总经理个人对企业控制权的加强会在一定程度上抑制在职消费,且与公司绩效呈负相关关系,但该发现并未通过显著性检验。此外,李焰、秦义虎(2010)从公司外部治理角度研究后认为,由于"壕堑效应"的存在,国有企业高管在自己享受在职消费的同时,会提高员工工资水平,以拉拢公司员工。因此这种自我保护式的高水平员工工资和在职消费对公司绩效起不到激励作用,反而会抑制在职消费的激励作用。

(二) 在职消费经济后果的效率观

效率观认为,在职消费之所以出现主要是因为最优契约合同可以激励管理者、提高企业绩效。进一步说,合理的在职消费可以帮助企业合理避税,降低成本支出,减少优秀员工的流失,激发员工的工作热情,从而带来公司绩效和企业价值的提升。

亨德森、斯平德勒(Henderson and Spindler,2004)认为,员工通过享受在职消费获得生活上、心理上的满足感,从而在一定程度上增强职员对企业的认同和依赖感,提高员工对公司忠诚度和责任感。拉詹、伍尔夫(Rajan and Wulf,2006)指出,在职消费的存在一方面会为高管节省管理时间,提升管理效率,另一方面会提高管理者在公司的地位和权威,从而推动命令快速有效地执行,节约组织的交易成本,进而有利于实现企业价值。陈冬华等(Chen et al.,2009)的研究也发现,在职消费旨在高效地激励管理者,从而改善公司业绩,提高公司价值,而阿迪希杨库尔等(Adithipyangkul et al.,2011)更是指出并区分了在职消费的两种目的:一是激励高管,防止其推卸责任;二是支持高管的工作,改善企业绩效。[①]

---

① 参见 P. Adithipyangkul et al., "Executive Perks: Compensation and Corporate Performance in China",*Asia Pacific Journal of Management*,2011,28(2),pp.401-425。

（三） 文献评述

代理观与效率观的观点几乎是完全相悖的。学者们大都通过理论分析和实证研究证实并支持了代理观,而对效率观的研究则停留在理论分析阶段,实证研究相对较少,国内学者的研究尤其如此。同时,无论是国内学者还是国外学者,研究相关因素对在职消费经济后果的影响时,主要从内部治理角度着手,均未从外部治理因素——媒体监督出发,研究其对在职消费经济后果的影响。

二、媒体监督影响在职消费与公司绩效
关系的理论基础与假设提出

（一） 边际效用价值理论

有关媒体监督、在职消费与企业绩效关系的理论主要有三个:委托代理理论、声誉理论和边际效用(marginal utility)价值理论。前两个理论在前文已有涉及,这里不再赘述。本部分重点对边际效用价值理论进行阐述。

边际效用价值理论常被用于解释消费者行为。之所以能够将此理论用于探讨在职消费对公司绩效的影响,是因为在职消费本身是一种"地位商品"[希斯赫(Hisrch),1976],可以被当作一类特殊的有价值的商品来对待。

边际效用价值理论是在 19 世纪 70 年代初,由英国的杰文斯、奥地利的门格尔和法国的瓦尔拉斯提出的,后由奥地利的庞巴维克和维塞尔加以发展的经济学的价值理论之一。该理论的特点是用效用来诠释价值的形成过程,指出人对物品效用的感觉和评价,体现了商品的价值。[①]

---

① 参见［美］丹尼尔·豪斯曼:《经济学的哲学》,丁建峰译,上海人民出版社 2007 年版。

边际效用价值理论由边际效用的概念和边际效用递减论这两部分组成。其中,边际效用是指在一定时间内消费者增加一单位商品或服务所带来的新增效用,即最小效用,它是衡量商品价值量的尺度,即控制其他条件不变时,消费者从某种商品或服务连续增加的每一消费单位中所得到的新增的满足程度即为边际效用。边际效用递减论认为,在其他条件不变的情况下,消费者对某种物品消费量越多,他从该物品连续增加的每一消费单位中所得到的满足感会逐渐减少,即边际效应会递减。

根据边际效用价值理论,如果将在职消费这一特殊商品的增长视为等额的增长,那么在职消费水平越高,经理人工作积极性和效率就越高,从而带给公司越来越多的边际效用、提升企业绩效;但当在职消费水平达到一定程度,尤其是超过合理水平后,经理人将不再能够从在职消费中得到正的效用或激励,此时在职消费带给公司的边际效用将会降低,甚至产生负效用,导致企业绩效下滑,继而损害股东利益与企业价值。

仔细观察后便会发现,边际效用理论对在职消费的理论解释实际上反映了有关在职消费成因的两种截然相反的主流观点——效率观与代理观。

在职消费支出中既有合理部分,也有经理人趁机谋取私利的部分,后者即本研究前文专门予以计量的过度在职消费部分,也就是狭义在职消费的概念。不同国家、不同学者对在职消费的认识不尽相同,如美国学者拉詹、伍尔夫(Rajan and Wulf,2006)把 CEO 使用专机和专车的事件列为管理层在职消费,我国国资委在 2006 年发布了《关于规范中央企业负责人职务消费的指导意见》,其将用车费、出国考察、业务招待费等包含在了职务消费支出中,这可能是认为这些费用是企业正常生产经营活动中所需要的、合理的支出,有助于改善和提高企业的经营管理效率。然而,由于管理层拥有管理上的特殊权力,在职消费又很容易被滥用,导致过度的在职消费,从而损害公司和股东的权益。因为在管理层的薪酬中,在职消费是作为一种隐性薪酬而存在的。当经理人的货币薪酬不够完备时,所有者可能会默许或准予经理人进行一定数额和水平的在职消费,以弥补经理人较低的货币薪酬水平,激发其工作的热忱与效率。但当公司对经理人的行为不能有效约束、在职消费支出脱离所有者控制时,在职消费就会超出公司或股东可以接受的合理范围,导致公司需要负担的代理成本大幅增加,进而损害公司绩效、降低企业价值。

也就是说,在职消费为管理层提供了良好的工作环境、舒适的出差住宿环境、快捷的交通工具等便利条件,能够帮助经理人很快得到休整,从而可以有最好的精神面貌去处理公司的内外部事物,此种情形下的在职消费支出是有良好效用的,有助于提升公司绩效。然而,在职消费方面支出一旦超出合理范围,不仅不利于经理人生产力的提升,反而会使经理人产生惰性,从而使公司能够从在职消费支出中获得的边际效用越来越少,甚至是负效用,进而对公司绩效产生消极的影响,损害公司价值与股东利益。这也是社会公众和各级政府不希望出现或看到的在职消费的消极的经济后果。

(二) 假设提出

1. 在职消费与企业绩效

根据在职消费经济后果的效率观,给经理人提供合理水平的在职消费,如舒适的工作环境和办公条件等,可以激发经理人的工作热情,提高其经营和管理效率,进而有助于提升企业的经营绩效和公司价值。同时,根据边际效用价值理论,当在职消费处于合理水平时,随着在职消费支出的增加,公司会获得正的边际效用,尽管其数值整体上呈现递减趋势,但效用总量仍会随合理在职消费水平的提高而增加,并带来企业绩效与公司价值的提升。当边际效用递减为零时,公司从在职消费中获得的总效用将会达到最高。当在职消费进一步增加甚至超过合理范围成为过度的在职消费时,公司从新增在职消费中获得的边际效用将变为负数,此时公司从在职消费中获得的总效用不仅不会增加,反而会随在职消费的增加而下降,并导致企业绩效与公司价值降低。此时过度的在职消费是公司高管过度追求自利行为的结果,并成为公司代理成本的一部分。

　　超出合理范围的在职消费并不能对高管产生激励作用。柯尼恩、何(Conyon and He,2011)认为正是高管的贪婪导致了过度的在职消费。[1]根据阿迪希杨库尔(Adithipyangkul,2012)、马里诺和博伊尼克(Marino and Zábojník,2008)生产外部性的解释,当高管从在职消费中获得的好处比从与公司所有者约定的报酬多时,在职消费会对所有者产生负面的影响。[2][3]

　　我国学者在研究在职消费时还将样本公司按照其产权性质进行了划分,即区分国有企业和民营企业进行了研究(张力、潘青,2009)。陈冬华等(2005)提出,在职消费现象在国有公司很普遍,并且由于"所有者虚位"的存在和国家对国企高管薪酬的管制,高管付出了辛勤的劳动却得不到应有的报酬。因此在职消费成为一种隐秘的激励手段,高管会运用手中的权力进行过度在职消费,在公司治理环境差、外部监督薄弱的情况下,国有上市公司在职消费水平远远高于货币薪酬,超出了合理范围。[4] 罗宏、黄文华(2008)认为,我国目前正处于经济转型期,法制建设还不完善,国有企业管理层的自利行为成为首要的代理问题;国有企业在在职消费程度、高管薪酬和股利支付率三方面远低于非国有企业,这也表明我国国有企业在薪酬契约和公司治理方面的确面临着问题。

　　对于在职消费对企业绩效的影响,学者们得出了不尽相同的结论。万华林(2007)指出,虽然经理人在职消费的现象是两权分离的结果,但是必

---

　　① 参见 M.J.Conyon,L.He,"Executive Compensation and Corporate Governance in China", *Journal of Corporate Finance*,Vol.17,No.4(September 2011),pp.1158-1175。

　　② 参见 P. Adithipyangkul,"Non-cash Compensation with Production Externalities and Agency Problems Related to an Agent's Consumption Choice",*Journal of Contemporary Accounting & Economics*,Vol.8,No.2(December 2012),pp.110-120。

　　③ 参见 A.M.Marino,J.Zábojník,"Work-related Perks,Agency Problems,and Optimal Incentive Contracts",*The Rand Journal of Economics*,Vol.39,No.2(2008),pp.565-585。

　　④ 参见陈冬华等:《国有企业中的薪酬管制与在职消费》,《经济研究》2005 年第 2 期。

须承认在不存在两权分离时,经理人在职消费现象依然存在,此时管理层的决策应认为是有效率的,可以提升企业价值。罗宏、黄文华(2008)则发现,国有企业高管过度在职消费会导致公司业绩下滑。同时,在非国有上市公司,虽然董事长会监督管理层的管理行为,但监督成本比较高昂,这种监督不可能做到面面俱到,因而在职消费总效用会呈现出先升后降的特点。李宝宝、黄寿昌(2012)的研究也表明,国有企业过度在职消费具有负面的经济后果。我们认为,合理的在职消费确实是企业生产经营所必需的,有助于提升企业经营管理效率和企业绩效。但当在职消费总额增加到一定程度成为过度在职消费时,过度在职消费虽然同样产生于公司所有权和经营权的分离,但会增加代理成本,进而导致企业绩效下降。由此,本章提出假设 H1。

H1:随着在职消费水平的增加,公司绩效先增后减,二者呈倒 U 形关系。

2. 媒体监督对在职消费与公司业绩关系的影响

如前所述,长期以来,学者们研究在职消费与公司绩效的关系时大多从董事会结构、股权结构、产权结构、自由现金流、管理层货币薪酬等公司内部治理的角度着手。董事会规模、独立董事以及监事会的设立,都在一定程度上起到了监督高管行为的作用。高管的行为受到了公司内部治理机制和外部机制的双重制约。媒体监督,作为一种外部治理机制,通过声誉机制可以有效抑制高管过度在职消费的行为,削弱在职消费的负面经济后果,但却很少得到董事的关注和重视。

本研究在前文已经实证检验了媒体监督对高管过度在职消费的影响,那么媒体监督会对在职消费与公司业绩的关系产生影响吗?我们认为答案应该是肯定的。首先,已有研究表明,媒体监督能够影响公司绩效[戴克等(Dyck et al.),2008;李培功、沈艺峰,2010]。媒体的负面报道会通过舆论影响到公司及其高管的声誉,因此管理者为了维护自身在公司与股东心中的良好形象,会积极改善公司治理中存在的缺陷,纠正自身违规行为,从而维护股东财富,提升企业价值。[①] 姚益龙等(2011)研究媒体监督是如何影响公司绩效后也认为,媒体监督会通过经营、财务和公司治理等途径影响绩效。[②] 进一步说,当存在媒体监督时,媒体曝光自己过度在职消费的行为会使自身声誉和良好形象受损,此时管理者会主动约束自己挥霍公司资源的行为。也就是说,在媒体监督压力之下,在职消费总额会更多地保持在合理的范围之内,过度在职消费部分则会降低乃至消失,进而有助于改善公司业绩。由此,本章提出假设 H2。

H2：在媒体监督影响下,在职消费对公司绩效起到积极的促进作用。

三、媒体监督影响在职消费与公司绩效关系的研究设计

（一）样本选择及数据来源

本研究选取 2010 年至 2014 年沪、深两市 A 股上市公司为样本,在剔除了 ST、*ST 公司,金融、保险类上市公司以及关键数据缺失的公司后,最终得到 4011 个初始观测值。其中 2010 年 655 个、2011 年 793 个、2012 年 779 个、2013 年 830 个、2014 年 954 个。

本研究所用的媒体监督数据通过手工收集或定制得到;在职消费数据通过手工收集得到;关于上市公司的其他财务数据和会计数据,如资产负债率、营业收入等,以及有关公司治理的相关数据,均来自深圳国泰安数据库。

本研究采用 Stata 12.0 进行实证分析。

---

① 参见李培功、沈艺峰:《媒体的公司治理作用:中国的经验证据》,《经济研究》2010 年第 4 期。

② 参见姚益龙等:《媒体监督影响企业绩效机制研究——来自中国快速消费品行业的经验证据》,《中国工业经济》2011 年第 9 期。

(二) 变量设计

1. 解释变量与被解释变量

本研究中的主要变量有三个:媒体监督、在职消费、公司绩效。

考虑到目前网络等新兴媒体虽有超越传统媒体之势,但在数据可得性和可靠性等方面逊于报纸,本研究通过在深圳国泰安数据库中手工统计得到的报纸上有关上市公司过度在职消费的负面报道次数作为媒体监督的替代变量。数据的获得方法同"第三章 媒体监督与在职消费"中媒体监督的变量设计及数据来源。在稳健性检验中,媒体监督的定义与上文所述相同,但采用定制所得的数据进行验证。

在职消费是本研究的重点,本章中的在职消费是在职消费总额的范畴。具体将财务报表附注"支付的其他与经营活动有关现金"中办公费、差旅费、业务招待费、通信费、出国培训费、董事会费、小车费和会议费八项费用合计数占营业收入的比值作为在职消费的替代变量,以控制异方差,消除公司规模对上市公司在职消费数额的影响。在稳健性检验中,将"扣除税金、固定资产折旧、无形资产摊销等一些明显不属于在职消费项目后的管理费用"占营业收入的比重作为本章检验中所用在职消费的替代变量。

在公司业绩方面,目前学术界用于衡量公司业绩的常用指标有两类:会计指标和市场指标。考虑到本章重点是考察在职消费与公司业绩的关联,而在职消费支出作为公司成本费用的重要组成部分首先会影响公司的会计指标,而不是更容易受公司外部因素影响的市场指标,因此,本章选用会计指标来衡量公司业绩。

进一步说,实证研究中常用的反映公司业绩高低的会计指标主要有净资产收益率和总资产净利率,但净资产收益率容易受财务杠杆的影响(陈小悦、徐晓东,2001),且总资产净利率比净资产收益率更能合理地表征企业业绩(潘飞等,2006)。因此,本章最后选用总资产净利率(ROA)来反映公司业绩。

2.控制变量

本研究的控制变量以管理层货币薪酬、管理层持股比例、股权集中度、独立董事比例、两职兼任等内部治理变量为主,同时也包括企业自由现金流、资产负债率等公司财务指标。此外,本研究还控制了行业性质和年度变量。

各变量的具体定义见表7-1。

表7-1 变量说明

变量	变量符号	定义
公司绩效	ROA	总资产净利率
在职消费	Perk	财务报表附注"支付的其他与经营活动有关现金"中八项费用合计数占营业收入的比值
媒体监督	Media	媒体负面报道次数(NMC)加1后的自然对数
股权集中度	T1	第一大股东持股比例
高管货币薪酬	LnMpay	高管货币薪酬总和的自然对数
高管持股比例	MShare	公司高管持股总数/总股数
两职兼任	Dual	虚拟变量,当董事长和总经理分别由不同的人担任时,赋值为1,否则为0
独立董事比例	Ind	独立董事人数与董事会人数之比
财务杠杆	Lever	资产负债率,等于期末负债总额/期末资产总额
自由现金流	Cash	企业自由现金流量/营业收入
行业性质	Industry	设12个行业哑变量
年度变量	Year	设4个年度哑变量

(三) 模型构建

为便于观察在职消费对公司绩效的影响,本章设计了模型(7-1)分别观察媒体负面报道对在职消费当年、下一年及第三年公司绩效的影响。其中,$i=0$、1、2,分别表示在职消费的当年、下一年和第三年;为了检验在职消费和公司绩效间是否存在倒 U 形关系,模型(7-1)中引入平方项。

$$ROA_{t+i} = \alpha_0 + \alpha_1(Perk_t)^2 + \alpha_2 T1_{t+i} + \alpha_3 MShare_{t+i} + \alpha_4 LnMpay_{t+i} +$$
$$\alpha_5 Ind_{t+i} + \alpha_6 Dual_{t+i} + \alpha_7 Cash_{t+i} + \alpha_8 Lever_{t+i} + \alpha_9 Industry_{t+i} +$$
$$\alpha_{10} Year_{t+i} + \varepsilon_{t+i} \qquad \text{模型}(7-1)$$

为了检验媒体监督影响下在职消费对公司绩效的影响,模型(7-2)在模型(7-1)基础上引入了媒体监督和在职消费的交互项,分别用以检验媒体监督影响下在职消费对当年、下一年及第三年公司绩效是否存在积极影响。

$$ROA_{t+i} = \beta_0 + \beta_1(Perk_t)^2 + \beta_2 Media_t \times (Perk_t)^2 + \beta_3 T1_{t+i} +$$
$$\beta_4 MShare_{t+i} + \beta_5 LnMpay_{t+i} + \beta_6 Ind_{t+i} + \beta_7 Dual_{t+i} + \beta_8 Cash_{t+i} +$$
$$\beta_9 Lever_{t+i} + \beta_{10} Industry_{t+i} + \beta_{11} Year_{t+i} + \varepsilon_{t+i} \qquad \text{模型}(7-2)$$

四、媒体监督影响在职消费与公司绩效
关系的实证结果与分析

(一) 描述性统计

选取 2010 年至 2014 年沪、深两市在财务报表附注"支付的其他与经营活动有关现金"中披露八项费用的 A 股上市公司为样本,在剔除了 ST、*ST 公司,金融、保险类上市公司以及关键数据缺失的公司后,最终得到 4012 个初始观测值。样本及主要变量的描述性统计情况分别见表 7-2、表 7-3。

表 7-2　样本分布情况统计

年度	2010	2011	2012	2013	2014	合计
全样本	655	793	780	830	954	4012
国有企业	402	423	399	361	394	1979
非国有企业	253	370	381	469	560	2033
国有企业占比	0.614	0.533	0.512	0.435	0.413	0.493

表 7-3　全样本描述性统计（N＝4012）

变量	最大值	最小值	均值	标准差
ROA	0.286	-0.015	0.056	0.063
Perk	0.393	0.006	0.123	0.435
NMC	50	0	2.467	8.598
T1	72.649	9.791	35.573	15.242
LnMpay	14.776	12.121	12.995	0.431
MShare	0.692	0.000	0.093	0.687
Dual	1	0	0.236	0.421
Cash	11.224	-29.192	0.091	0.708
MRate	0.985	-0.6	0.243	0.130
Ind	0.802	0.333	0.388	0.062
Lever	0.853	0.021	0.351	0.286

从表 7-3 中可以看出，各样本公司在职消费变量的差别不大，这可能是因为这一变量已经剔除了公司规模的影响，但由于极端值的存在，部分在职消费金额过高的上市公司拉高了在职消费的样本均值。同时，各样本公司媒体监督的差异较大，媒体负面报道的最大次数为 50，最小为 0，标准差高达 8.598。这可能是由于媒体往往会着重关注并报道那些具有"轰动效

应"的事件,而且一旦报道就会有"羊群效应",各个媒体会争先恐后地对某一新闻进行重复报道。

独立董事比例这一变量的均值高于最小值 0.333,但仍在其附近徘徊,这可能是因为大部分上市公司在设立独立董事时首先考虑满足证监会关于上市公司独立董事比例必须占到30%以上的规定,然后再根据本公司实际情况进行调整。

管理层持股比例的最大值高达 0.692,均值为 0.093,接近最小值 0,表明样本公司虽然存在管理层持股,但是管理层持股比例普遍偏低,股权激励程度还不够;第一大股东持股比例的均值维持在36%左右,但方差较大,表明我国上市公司的股权集中水平参差不齐;财务杠杆的最大值为0.853,最小值为 0.021,标准差为 0.286,表明样本公司的资产负债率相差较大。

(二) 相关性分析

表 7-4 为主要变量的 Pearson 相关系数。

从表中可以看出,媒体监督(Media)和在职消费(Perk)之间存在显著的负相关关系,其 Pearson 系数在 1% 水平上显著为负,再次说明媒体负面报道能有效抑制在职消费;管理层货币薪酬(LnMpay)、管理层持股比例(MShare)、独立董事比例(Ind)、自由现金流(Cash)、财务杠杆(Lever)、两职兼任(Dual)与在职消费的 Pearson 系数都是显著的,其中,管理层货币薪酬与在职消费负相关,表明高管薪酬的增加可以在一定范围内抑制高管的寻租行为;自由现金流和在职消费正相关,说明当公司的自由现金流量充足时,高管更倾向于利用公司资源过度在职消费。此外,媒体监督和管理层货币薪酬、财务杠杆存在显著的相关关系,但相关系数较小,其绝对值均小于0.1,说明这些变量之间不存在明显的内生性。

表 7-4　主要变量的 Pearson 相关系数表

变量	Perk	Media	Cash	T1	Lever	Dual	LnMpay	MShare	Ind
Perk	1								
Media	-0.182***	1							
Cash	0.061***	0.005	1						
T1	0.197***	-0.045**	0.158**	1					
Lever	-0.048**	0.053**	-0.006	-0.053**	1				
Dual	0.063	0.207*	0.023	0.065**	-0.059**	1			
LnMpay	0.048***	0.099***	0.003	0.024*	0.120**	0.046**	1		
MShare	0.189*	0.016	0.045**	-0.083***	-0.357**	0.093***	-0.046**	1	
Ind	-0.320*	-0.080*	0.059**	-0.127*	-0.320**	0.036*	0.129**	0.234**	1

（三）多元回归分析

本部分采用线性回归的方法,首先检验在职消费对公司绩效的影响,然后检验在职消费与公司绩效之间的关系在媒体负面报道的影响下是否会有所变化,即媒体监督是否会影响在职消费与公司绩效的关系。

1. 在职消费与公司绩效的关系检验

表7-5是以公司绩效为被解释变量的模型(7-1)的回归结果,其中公司绩效的替代变量分别为在职消费当年、下一年以及第三年的托宾 Q 值。

表7-5 中的回归结果显示,全样本检验中,连续三年在职消费的二次项系数分别为-0.124、-0.099、-0.059,不仅都是负数,而且均在1%的水平上显著,表明在职消费与公司绩效之间存在显著的倒 U 形关系,而且此影响具有可持续性,会在连续几个会计年度内对公司绩效产生负面影响,不利于公司的长远发展,假设 H1 初步得到支持。

分样本的检验结果同样也支持了这一结论。其中,国有企业的在职消费平方项与公司绩效的相关系数显著为负(分别为 - 0.179、-0.203、-0.221),非国有企业与此类似(连续三年的相关系数分别为 - 0.208、-0.195、-0.219),说明无论企业的产权性质如何,在职消费与公司绩效之间都存在先增后减的倒 U 形关系。

表 7-5 在职消费与公司绩效关系的检验结果

变量	全样本			国有企业样本			非国有企业样本		
	当年	第二年	第三年	当年	第二年	第三年	当年	第二年	第三年
$(Perk)^2$	-0.124** (-1.98)	-0.199*** (-2.71)	-0.212*** (-3.52)	-0.179** (-2.20)	-0.203*** (-2.73)	-0.235*** (3.21)	-0.208*** (-2.93)	-0.202*** (-2.91)	-0.226*** (3.72)
T1	0.248** (2.38)	0.237** (2.46)	0.127* (1.89)	0.241** (2.34)	0.257** (2.28)	0.122** (1.99)	0.220*** (2.78)	0.322*** (2.87)	0.125** (2.27)

变量	全样本			国有企业样本			非国有企业样本		
	当年	第二年	第三年	当年	第二年	第三年	当年	第二年	第三年
LnMPay	0.045 *** (2.98)	0.042 *** (2.76)	0.038 *** (2.58)	0.291 *** (2.380)	0.257 ** (2.15)	0.224 ** (1.97)	0.056 *** (3.68)	0.048 *** (3.17)	0.038 *** (2.97)
MShare	0.176 ** (1.98)	0.143 ** (1.96)	0.201 ** (2.39)	0.225 ** (2.15)	0.242 ** (1.96)	0.201 ** (2.05)	-0.152 *** (-2.74)	-0.285 ** (-2.41)	-0.276 ** (-2.24)
Ind	0.125 * (1.86)	0.105 * (1.74)	-0.089 * (-1.68)	-0.138 * (-1.86)	-0.049 (-0.92)	-0.056 * (-1.72)	0.206 ** (2.25)	0.164 * (1.89)	-0.131 * (-1.82)
Dual	-0.224 ** (-2.18)	-0.223 ** (2.32)	-0.105 * (-1.81)	0.212 ** (2.37)	-0.195 ** (-2.25)	-0.241 ** (-2.47)	-0.125 * (-1.73)	-0.117 * (-1.75)	-0.093 * (-1.66)
Lever	-0.274 ** (-2.14)	-0.282 ** (-2.34)	-0.259 ** (-2.10)	-0.404 ** (-2.33)	-0.272 ** (-2.27)	-0.255 ** (-1.97)	-0.262 ** (-2.43)	-0.232 ** (-2.21)	-0.229 ** (-1.97)
Cash	-0.041 ** (-1.97)	-0.034 * (-1.71)	-0.037 * (-1.78)	-0.079 ** (-2.36)	-0.063 ** (-2.21)	-0.037 * (-1.75)	-0.068 ** (-2.22)	-0.054 ** (-2.09)	0.039 ** (1.97)
Industry	控制	控制	控制	控制	控制	控制	控制	控制	控制
Year	控制	控制	控制	控制	控制	控制	控制	控制	控制
调整后 R^2	0.386	0.286	0.292	0.375	0.292	0.275	0.380	0.246	0.261

2. 媒体监督对在职消费与公司绩效关系影响的回归检验

表 7-6 是对模型(7-2),即媒体监督对在职消费与公司绩效关系影响的回归结果。

表 7-6　媒体监督对在职消费与公司绩效关系影响的检验结果

变量	全样本			国有企业样本			非国有企业样本		
	当年	第二年	第三年	当年	第二年	第三年	当年	第二年	第三年
$(Perk_1)^2$	-0.113 * (-1.72)	-0.174 ** (-2.11)	-0.201 ** (-2.32)	-0.196 ** (-2.30)	-0.197 ** (-2.13)	-0.159 * (1.87)	-0.162 * (-1.93)	-0.198 ** (-2.30)	-0.062 ** (2.09)
$Media_t \times$ $(Perk_1)^2$	0.067 (1.15)	0.094 ** (2.57)	0.056 * (1.85)	0.088 (1.34)	0.203 ** (2.36)	0.122 * (1.83)	0.082 * (1.68)	0.238 *** (2.59)	0.136 * (1.92)

续表

变量	全样本			国有企业样本			非国有企业样本		
	当年	第二年	第三年	当年	第二年	第三年	当年	第二年	第三年
T1	0.225**	0.213**	0.191**	0.173**	0.160**	0.132**	0.282***	0.265***	0.234**
	(2.51)	(2.35)	(2.29)	(2.23)	(2.19)	(2.48)	(2.74)	(2.79)	(2.17)
LnMPay	0.045***	0.047***	0.038***	0.291***	0.257**	0.224**	0.056***	0.048***	0.038***
	(2.98)	(3.06)	(2.86)	(2.70)	(1.9)	(2.07)	(3.68)	(3.17)	(2.97)
MShare	0.102**	0.219**	0.201**	0.218**	0.224**	0.198**	-0.337***	-0.215**	-0.204**
	(1.97)	(2.28)	(2.29)	(2.47)	(2.29)	(2.15)	(-2.76)	(-2.42)	(-2.22)
Ind	0.105*	0.101	-0.029	-0.115*	-0.015	-0.049*	0.189**	0.154*	-0.101*
	(1.77)	(1.63)	(-1.61)	(-1.74)	(-0.82)	(-1.69)	(2.15)	(1.85)	(-1.74)
Dual	-0.212**	-0.209**	-0.093*	0.202**	-0.184**	-0.226**	-0.105*	-0.118*	-0.085*
	(-2.15)	(2.31)	(-1.71)	(2.29)	(-2.17)	(-2.43)	(-1.73)	(-1.77)	(-1.66)
Lever	-0.213**	-0.265**	-0.112*	-0.393**	-0.269**	-0.248**	-0.233**	-0.209**	-0.217**
	(-2.08)	(-2.26)	(-1.98)	(-2.22)	(-2.28)	(-1.85)	(-2.31)	(-2.19)	(-1.97)
Cash	-0.038**	-0.035*	-0.038*	-0.081**	-0.074**	-0.041*	-0.063**	-0.052**	0.042**
	(-1.97)	(-1.74)	(-1.81)	(-2.47)	(-2.32)	(-1.86)	(-2.23)	(-2.08)	(1.99)
Industry	控制	控制	控制	控制	控制	控制	控制	控制	控制
Year	控制	控制	控制	控制	控制	控制	控制	控制	控制
调整后 R^2	0.367	0.266	0.288	0.342	0.270	0.273	0.389	0.234	0.281

根据表 7-6,在全样本检验中,媒体监督与在职消费平方的交互项系数在第一年不显著,第二年、第三年均显著为正,但第三年较第二年的显著性水平从 1% 下降到 5%,说明第一年时,媒体监督通过约束在职消费、保护公司绩效的作用尚未显现出来;到第二年、第三年时,媒体监督的作用开始显现,使得在职消费在媒体的监督约束作用下对公司绩效的负面影响降低,但由于媒体负面报道的"轰动效应"具有时效性,会随时间的流逝而减弱,因此这一作用在第三年便没有在第二年时显著。

在分样本检验中,国有企业样本、非国有企业样本的媒体监督对在职消费与公司绩效关系影响的检验结果与全样本基本一致。在国有企业样本中,媒体监督对国有企业在职消费当年的在职消费与公司绩效间关系的调整作用较小,未通过显著性检验,但对在职消费下一年、即第二年以及第三年的公司绩效产生了显著的正向影响。非国有企业样本的检验与此类似,且影响更为显著。具体来说,媒体监督不仅对在职消费第二年、第三年的在职消费与公司绩效的关系起到了显著的正向调节作用,而且对在职消费当年的公司绩效同样存在显著的正向影响,说明非国有上市公司绩效受媒体监督对在职消费监督约束作用的影响更为直接和有效。

(四) 稳健性检验

为了使结论更具说服力,本研究对模型(7-1)、模型(7-2)进行了稳健性检验。具体做法为:将模型中在职消费的替代变量由“财务报表附注‘支付的其他与经营活动有关现金’中办公费、差旅费、业务招待费、通信费、出国培训费、董事会费、小车费和会议费八项费用的合计数占营业收入的比值”替换为前面计算得到的管理费用中的八项占营业收入的比值;用定制获取的媒体负面报道次数替换手工收集的数据;将公司业绩的替代变量由“总资产净利率”替换为“托宾 Q”。得到的检验结果分别见表7-7、表7-8,上文假设再次得到支持。

表 7-7　在职消费对企业绩效影响的稳健性检验结果

变量	全样本			国有企业样本			非国有企业样本		
	当年	第二年	第三年	当年	第二年	第三年	当年	第二年	第三年
$(Perk)^2$	-0.112** (-1.97)	-0.187*** (-2.67)	-0.209*** (-3.42)	-0.154** (-2.11)	-0.198*** (-2.68)	-0.221*** (3.11)	-0.197** (-2.43)	-0.195*** (-2.58)	-0.219*** (3.28)
T1	0.237** (2.47)	0.226** (2.41)	0.119* (1.77)	0.275** (2.52)	0.234** (2.55)	0.119** (1.96)	0.217*** (2.78)	0.298*** (2.76)	0.115** (2.16)
LnMPay	0.042*** (2.72)	0.044*** (2.75)	0.036*** (2.65)	0.277*** (2.60)	0.248** (1.97)	0.218** (2.07)	0.052*** (3.48)	0.043*** (2.87)	0.035*** (2.74)
MShare	0.095** (1.96)	0.227** (2.23)	0.185** (2.19)	0.194** (2.25)	0.228** (2.03)	0.189** (1.97)	-0.136** (-2.69)	-0.252** (-2.21)	-0.262** (-2.35)

续表

变量	全样本			国有企业样本			非国有企业样本		
	当年	第二年	第三年	当年	第二年	第三年	当年	第二年	第三年
Ind	0.113* (1.83)	0.097* (1.69)	-0.079* (-1.67)	-0.126* (-1.87)	-0.033 (-0.87)	-0.045* (-1.72)	0.197** (2.14)	0.157* (1.86)	-0.122* (-1.67)
Dual	-0.219** (-2.08)	-0.216** (2.21)	-0.095* (-1.78)	0.207** (2.28)	-0.183** (-2.16)	-0.234** (-2.43)	-0.149* (-1.75)	-0.159* (-1.77)	-0.085* (-1.66)
Lever	-0.257** (-2.06)	-0.269** (-2.09)	-0.263** (-2.10)	-0.398** (-2.12)	-0.272** (-2.09)	-0.246** (-1.97)	-0.238** (-2.29)	-0.215** (-2.16)	-0.217** (-1.97)
Cash	-0.039** (-1.97)	-0.032* (-1.83)	-0.031* (-1.73)	-0.068** (-2.25)	-0.059** (-2.11)	-0.036* (-1.72)	-0.054** (-2.19)	-0.041* (-1.98)	0.035** (1.97)
Industry	控制	控制	控制	控制	控制	控制	控制	控制	控制
Year	控制	控制	控制	控制	控制	控制	控制	控制	控制
调整后 R^2	0.378	0.279	0.296	0.372	0.291	0.276	0.382	0.250	0.257

表 7-8 媒体监督对在职消费与公司绩效关系影响的稳健性检验结果

变量	全样本			国有企业样本			非国有企业样本		
	当年	第二年	第三年	当年	第二年	第三年	当年	第二年	第三年
$(Perk_1)^2$	-0.107* (-1.69)	-0.169** (-2.08)	-0.184** (-2.13)	-0.201** (-2.34)	-0.172** (-2.09)	-0.137* (1.78)	-0.146* (-1.89)	-0.182** (-2.18)	-0.059** (2.03)
$Media_1 \times (Perk_1)^2$	0.051 (1.09)	0.075** (2.26)	0.048* (1.59)	0.061 (1.17)	0.189** (2.19)	0.115* (1.68)	0.094* (1.72)	0.216** (2.31)	0.129* (1.75)
T1	0.212** (2.43)	0.203** (2.28)	0.179** (2.14)	0.167** (2.09)	0.148** (2.03)	0.119** (2.35)	0.291*** (2.76)	0.276*** (2.83)	0.252** (2.29)
LnMPay	0.039*** (2.83)	0.038*** (2.57)	0.027*** (2.65)	0.275*** (2.64)	0.254** (1.96)	0.218** (1.96)	0.047*** (3.43)	0.039*** (2.95)	0.032*** (2.78)
MShare	0.113* (2.03)	0.231** (2.47)	0.209** (2.31)	0.221** (2.52)	0.232** (2.33)	0.205** (2.34)	-0.353*** (-2.85)	-0.227** (-2.51)	-0.234** (-2.38)
Ind	0.101* (1.68)	0.118* (1.65)	-0.037 (-1.37)	-0.108* (-1.69)	-0.029 (-1.08)	-0.056* (-1.83)	0.197** (2.21)	0.159* (1.96)	-0.121* (-1.83)
Dual	-0.209** (-2.07)	-0.197** (2.28)	-0.096* (-1.73)	0.187** (2.17)	-0.174** (-2.11)	-0.219** (-2.32)	-0.101* (-1.68)	-0.112* (-1.67)	-0.101* (-1.71)

变量	全样本			国有企业样本			非国有企业样本		
	当年	第二年	第三年	当年	第二年	第三年	当年	第二年	第三年
Lever	-0.209** (-2.02)	-0.249** (-2.17)	-0.105** (-1.96)	-0.292** (-2.19)	-0.254** (-2.16)	-0.229** (-1.76)	-0.217** (-2.23)	-0.189** (-2.06)	-0.205** (-1.96)
Cash	-0.037** (-2.06)	-0.042* (-1.78)	-0.041* (-1.86)	-0.074* (-2.36)	-0.068** (-2.27)	-0.035* (-1.79)	-0.075** (-2.31)	-0.063** (-2.24)	0.053** (2.01)
Industry	控制	控制	控制	控制	控制	控制	控制	控制	控制
Year	控制	控制	控制	控制	控制	控制	控制	控制	控制
调整后 R^2	0.363	0.266	0.279	0.342	0.272	0.265	0.401	0.227	0.292

五、本章小结

本研究运用我国上市公司 2010 年到 2014 年的数据,在理论分析的基础上实证检验了在职消费对企业绩效的影响,以及媒体监督对在职消费与公司绩效关系的影响。通过研究,得到以下结论:

1. 无论是国有企业还是非国有企业,在职消费与其发生当年、下一年、第三年的公司绩效之间都存在倒 U 形关系,但其显著性水平不同。这一结论也同时支持了在职消费的效率观与代理观,说明在职消费总额由合理在职消费与过度在职消费两部分共同构成。前者是企业正常生产经营所需,有助于提升公司绩效,是符合效率观的在职消费正常支出;后者则可能是公司高管侵占耗费公司资源、谋取私利的手段,会对公司绩效产生负面影响,也是符合代理观的那部分花费。进一步地,国有公司在职消费对公司绩效的负面影响显著大于非国有企业,说明国有企业高管通过在职消费谋取私利的行为对公司的负面影响更大。

2. 在媒体监督作用下,在职消费与公司绩效的倒 U 形关系发生改变,媒体监督推动其向有利于公司绩效提升的方向发展,但此作用仅在媒体报道后的第二、三年显著,第一年并不显著。这可能是因为媒体负面报道监督治理在职消费、进而推升公司绩效效应的展现本身需要一个先消化吸收、再反映、最后消失的过程,所以第一年时影响并不显著,到了第二年才有了显著的正面影响,到了第三年时这一影响又会因媒体负面报道的"轰动效应"具有时效性而减弱。

第 八 章

媒体监督、在职消费与货币薪酬业绩敏感性

作为隐性报酬的在职消费与作为显性报酬的货币薪酬之间存在千丝万缕的联系。在职消费在受货币薪酬影响的同时,还会反过来影响高管货币薪酬,进而影响货币薪酬业绩敏感性,即高管货币薪酬激励契约的有效性。那么,媒体监督会对此关系产生影响吗?本章重点从媒体监督视角,对在职消费与货币薪酬业绩敏感性的关系,以及媒体监督对此关系的影响进行探讨,以进一步丰富在职消费的经济后果研究。

一、引 言

高管薪酬激励可以说是目前能平衡现代企业制度中管理层、股东利益不一致而导致的代理问题的重要机制之一(傅颀、汪祥耀,2013)。货币薪酬、在职消费等都是现代企业高管薪酬的重要组成部分。其中,货币薪酬已得到了较为充分的研究(辛清泉等,2007),在职消费也日渐成为热点问题(万华林,2007)。

作为经理人分享企业租金的一种形式,在职消费具有双重理论属性(万华林,2007)。一方面,效率观认为,在职消费益于增强企业高管的积极

性,同时还可以提升组织效率[拉詹、伍尔夫(Rajan and Wulf),2006]。另一方面,代理观认为,在职消费其本质为企业的代理成本[哈特(Hart),2001],它虽然会给管理人员带来个人收益,却在一定程度上侵害了公司股东的权益[耶马克(Yermack),2006]。因此,虽然在职消费是企业经营活动中一项必要的费用(冯根福、赵珏航,2012),但过度的自我激励会增加不必要的代理成本,并对企业价值及企业业绩产生负面影响[哈特(Hart),2001;冯根福、赵珏航,2012]。在企业实际经营中,不难发现很多企业现存的在职消费水平大大超过了合理的标准,可以说是处于一种失去控制的状态[李旭红,2003;陈冬华等,2005;耶马克(Yermack),2006;罗炜等(Luo et al.),2011]。2013年前后爆出的中石化"天价酒"事件、格力集团"酒宴门"事件等公司高管过度消费丑闻也为此结论提供了现实线索。因此,有必要采用恰当的方法,对在职消费的合理部分与过度成分进行区分,以趋利避害,在满足企业生产经营正常所需的同时,加强对过度在职消费的监督与治理,引导在职消费更多地发挥提升组织效率的职能。

墨菲(Murphy,1985)提出,有效的薪酬激励契约能够使薪酬随企业业绩的波动而波动,即存在薪酬业绩敏感性。当在职消费增多时,高管货币薪酬会因代理成本升高、企业业绩下降而减少。然而,高管薪酬的实际状况却与此背道而驰。不少企业出现高管货币薪酬逆企业业绩而上、在职消费增加的同时货币薪酬飙升(傅颀、汪祥耀,2013)等不合理现象。对此,管理层权力理论[别布丘克、弗里德(Bebchuk and Fried),2004]给出了新的研究视角。该理论强调,由于管理层权力的影响,高管能够在很大程度上影响薪酬契约,甚至自定薪酬(卢锐等,2008;权小锋等,2010)。这不仅使得管理层的货币薪酬过高,歪曲现有的薪酬结构,使得货币薪酬对业绩的敏感性有所减弱,而且还会让管理层利用过度在职消费谋取更多的个人隐性收益。此时,货币薪酬与过度在职消费会出现同高的互补关系。进一步地,如果将过度在职消费与货币薪酬业绩敏感性同时予以考虑,那么,到底过度在职消费是否真的会影响货币薪酬对业绩的敏感性?而如果确有影响,那么究竟是提升还是减弱呢？进一步追问这种影响又会不会因为企业产权的性质不同而发生变化？

实际经营中，为了对公司高管的货币薪酬与在职消费行为加以约束，中国政府部门相继颁布了多项管理规定，比如《国有企业负责人职务消费行为监督管理暂行办法》《中央金融企业负责人职务消费管理暂行办法》《中央管理企业负责人薪酬制度改革方案》《关于合理确定并严格规范中央企业负责人履职待遇、业务支出的意见》，同时还增强了对国有企业高管腐败案件的惩处力度，做到重典治乱，仅自 2012 年中国共产党第十八次全国代表大会至 2014 年 9 月 30 日就累计查处案件 79 例。越来越多的企业高管，尤其是国有企业高管，不敢、不能、不想滥用职权，进行过度在职消费。在此过程中，媒体，尤其是媒体负面报道对企业不规范行为的舆论监督与治理作用日益显现，并受到了广泛关注［戴克、津加莱斯（Dyck and Zingales），2004；米勒（Miller），2006；乔等（Joe et al.），2009］。而总体来看，安然会计丑闻、银广夏事件、中石化"天价酒"事件、2008 年中国奶制品污染事件、格力集团"酒宴门"等事件为公众所熟知，都归功于新闻媒体的第一时间披露。有研究发现，新闻媒体在国家转型中，正担当着公司治理的角色（李培功、沈艺峰，2010），对我国各个层面的公司行为都发挥了积极的监督治理作用（孔东民等，2013），并可以在监督上市公司高层管理者薪酬乱象方面起到一定的作用（杨德明、赵璨，2012）。翟胜宝等（2015）更是提出了媒体可以有效监督国有上市公司高管的在职消费问题的论断。耿云江、出旗（2015）也发现，媒体监督能够显著规范上市公司管理层的在职消费行为。那么，媒体监督能否调节过度在职消费对货币薪酬业绩敏感性的影响、提高我国上市公司薪酬激励契约的有效性呢？

为回答上述问题，本研究将在"第二章　在职消费的计量"通过模型（2-1）完成在职消费总额中的合理成分与过度水平的基础上，进一步分析过度在职消费与高管薪酬业绩敏感性之间是否存在某种联系，并依据媒体治理理论，进一步检验媒体监督在过度在职消费和货币薪酬的业绩敏感性之间关系的调节作用,旨在对推进我国在职消费的规范与治理、增强货币薪酬激励契约的有效性等提供参考。

二、媒体监督影响在职消费与货币薪酬业绩敏感性关系的理论分析与假设提出

(一) 在职消费与薪酬业绩敏感性

作为隐性薪酬"在职消费"总额中超过合理水平的那部分,过度在职消费是企业经营发展所不需要的非必要支出或过度耗费。在我国不断加快转型脚步的制度大环境下,可以说如果存在管理层权力,那么过度在职消费就形影不离(卢锐等,2007),同时管理层的权力越大、受监督越弱,管理层越可能享受更多的在职消费(权小锋等,2010),而企业高管利用过度在职消费带来的代理成本就越多,公司业绩也会相应下降。

管理层权力不仅对过度在职消费产生影响,而且影响高管的显性薪酬"货币薪酬"。在公司治理薄弱的公司中,货币薪酬契约的设计和执行很可能被高管俘获,从而使高管能够自定薪酬[柯尼恩、佩克(Conyon and Peck),1997;别布丘克、弗里德(Bebchuk and Fried),2004;卢锐等,2008;权小锋等,2010],而且随着管理层权力的增大,其自行拟定薪酬的能力不断增强,其货币薪酬也会随之增加[科尔等(Core et al.),1999;吴育辉等,2010]。在管理层权力的共同影响下,货币薪酬不仅与高管在职消费呈现正相关的互补关系(陈冬华等,2005;罗宏、黄文华,2008;卢锐等,2008),而且会与货币薪酬契约的最佳状态出现偏差,货币薪酬对企业业绩变动的敏感程度,即货币薪酬业绩敏感性被显著抑制(王昌荣、王元月,2015)。

如果将过度在职消费、货币薪酬业绩敏感性的关系同时予以考虑,一方面,原来就与高管货币薪酬存在偏离的公司业绩在过度在职消费的作用下

会下降;另一方面,货币薪酬在管理层权力的作用下与最佳薪酬契约中的合理水平差距拉大。在两者的共同作用下,企业的业绩会加速下滑,高管的货币薪酬却不降反增,进而使得货币薪酬对业绩的敏感性被削弱。由此,本章提出假设 H1a。

H1a:在其他因素不变的情况下,过度在职消费水平越高,高管货币薪酬业绩敏感性越低。即:过度在职消费和货币薪酬业绩敏感性成反比。

在一定程度上,在职消费是由于我国国有企业面临的薪酬管制而产生的(陈冬华等,2005)。在政府对薪酬高压管制的背景下,一些国有企业高管通过手中的权力来谋求在职消费、实现个人利益的动机会更加强烈。此外,国有企业普遍存在的"所有者缺位"现象也进一步让"内部人控制"更为严重,高层管理者利用权力、谋求私利的寻租行为与非国有企业相比严重许多。所以,我们可以推断,与其他性质的企业相比,国有企业高管的薪酬业绩敏感性会更容易受到过度在职消费的影响。由此,本章提出假设 H1b。

H1b:在其他影响因素不变的情况下,与非国有企业相比,国有企业高管过度在职消费对薪酬业绩敏感性的削弱作用更加明显。

(二) 媒体监督的调节作用

学术界最初对于媒体作用的关注可以追溯到"媒体在公司治理"中的作用。新闻媒体被定义为在新兴市场上可以在一定程度上弥补法律在投资者保护领域不足的一种措施,可以有效降低控制权的私人收益,促使企业改正侵害外部投资者权益的行为[戴克、津加莱斯(Dyck and Zingales),2004;戴克等(Dyck et al.),2008]。具体来说,媒体监督可以防止财务重述行为的发生(戴亦一等,2011),规范独立董事和政治关联高管的某些行为(李焰、秦义虎,2011;吴超鹏等,2012),更换质量较好的审计师事务所(刘启亮等,2013),降低企业代理成本、提高代理效率(梁红玉等,2012)。媒体也会对高管薪酬产生影响,促使被报道的上市公司对高管货币薪酬进行调整

（杨德明、赵璨，2012；李培功、沈艺峰，2013）。

　　媒体监督也对高管在职消费存在重大影响，能够规范在职消费行为，降低对公司业绩的负向影响（耿云江、田旗，2015）。这是因为，一方面，新闻媒体有着较为强烈的动机来挖掘、曝光高管的过度在职消费行为。媒体作为独立经济实体只能通过实现盈利来维持正常的经营运转，而要实现盈利，一个重要的前提就是拥有良好的声誉（喻国明，2009）。根据媒体治理论，只有当媒体对社会问题、公司治理问题切实发挥监督治理作用时，媒体的声誉才会提升，盈利状况才会转好。媒体有偏论也认为，新闻媒体要创造或传播敏感性事件，才能吸引到广泛的关注，激发读者的阅读兴趣，最终实现盈利（游家兴、吴静，2012）。而高层管理者的在职消费正是一个具有敏感性的社会热点话题，不仅能够满足读者的关注需求，同时也与媒体追求轰动效应的偏好不谋而合。因此，媒体才会主动挖掘并曝光高管的过度在职消费的行为。

　　另一方面，媒体对在职消费行为的报道能够产生重大的经济后果。首先，媒体作为重要的信息传播与宣传媒介，可以在对有关信息的收集、加工与传递过程中，削弱股东与高管之间存在的信息不对称，帮助股东在第一时间发现并纠正高管的机会主义与违法违规行径。其次，新闻媒体对高管违规行为的曝光可以广泛快速传播，当问题严重时，还能够引起监管层的关注和行政司法的介入，被曝光企业受到处罚的风险随之增加（李培功、沈艺峰，2010），倒逼企业高管不敢进行过度的在职消费。最后，媒体对过度在职消费行为的曝光还会引发社会公众的广泛关注，不仅能够削弱上市公司的声誉，还可能因中小投资者"用脚投票"而引发公司股价的下跌。所以，在媒体负面报道及其可能引发的行政介入、股价下跌等多重压力下，上市公司高管会主动规范自身行为，降低权力滥用所引发的过度在职消费。

　　同时，依据委托代理理论，随着过度在职消费的减少，其作为代理成本而给公司业绩带来的负面影响也会降低，相应地，过度在职消费对货币薪酬业绩敏感性的削弱作用也会得到缓解。由此，本章提出假设 H2a。

H2a：在其他影响因素不发生变化的条件下，新闻媒体的曝光可以削弱过度在职消费对高管薪酬业绩敏感性的负面作用。换句话说，就是存在负面报道的公司，其过度在职消费对高管薪酬业绩敏感性的负面作用要比无负面报道的公司小。

进一步地，依据声誉机制，有着较好职业声誉的公司高管，能够在经理人市场上具有较强的谈判和博弈能力。然而，在不同产权性质的企业中，经理人关注声誉的侧重点存在差异。在国有上市公司中，因为经理人的升迁主要是政治晋升，他们会更为关注自己在内部员工与外部上级主管领导心目中的形象。因此，当出现有关自身的媒体负面报道时，他们会在第一时间做出反应，以便将此报道的负面影响控制在最小范围内，维持自己在员工与上级主管领导心目中的形象。与之形成鲜明对比的是，非国有企业经理人更希望通过自己在业内的好口碑换得下一份工作中更丰厚的报酬，且其声誉高低更多的是受到对内为公司所创造的经济效益或价值增值来体现，因此他们在应对媒体负面报道方面便不会像国有企业经理人那样快捷和迅速。李焰、秦义虎（2011）就曾指出，不同性质的上市公司管理层对媒体负面报道的反应并不相同。杨德明（2011）进一步发现，媒体报道对国有和非国有上市公司的治理作用确实存在差异。由此，本章提出假设 H2b。

H2b：在其他因素不发生变化的条件下，相较于非国有企业而言，媒体监督对国有企业中过度在职消费与薪酬业绩敏感性的调节作用更强。

三、媒体监督影响在职消费与货币薪酬
业绩敏感性关系的研究设计

（一）样本选择与数据来源

在选取 2010 年至 2014 年沪深两市 A 股上市公司作为初始样本的基础

上,依据下列标准对样本筛选:剔除金融、保险类上市公司样本;剔除 ST 和*ST 公司样本;剔除缺失变量数据的公司样本。经筛选共得到有效样本 3446 个,其中,2010 年 655 个、2011 年 692 个、2012 年 896 个、2013 年 924 个、2014 年 279 个。

本研究主检验和稳健性检验中用到的媒体监督数据分别通过手工收集和定制获取,其他的数据均来自深圳国泰安数据库,并运用 Microsoft Excel 和 Stata 12.0 对数据进行处理分析。

(二) 变量定义

1. 高管货币薪酬

高管货币薪酬作为公司支付给高级管理人员薪酬的一部分,主要包括基本工资、奖金、津贴、福利等。

本章把高管的人均货币薪酬(PMpay),也就是用高层管理人员的货币薪酬总额除以其人数后所得的结果再取自然对数作为高管货币薪酬的替代变量。其中,高管是指所有能够对公司经营活动有实际经营权和决策权的人员,包括董事会全体董事、总经理、副总经理、财务总监、监事等。

2. 公司业绩

与"第七章 媒体监督、在职消费与公司绩效"中类似,本章重点考察的是高管的货币薪酬与公司业绩的关联,而高管的货币薪酬作为公司成本费用的重要组成部分首先会影响公司的会计指标,而不是更容易受公司外部因素影响的市场指标,因此,本章选用会计指标,具体说是总资产净利率(ROA)来计量公司绩效。

3. 在职消费

本章重点关注和检验的是狭义在职消费与薪酬业绩敏感性之间的联系,以及媒体监督对此关系的调节作用。因此,本章中的在职消费是狭义的范畴,即仅仅指在职消费总额中超过合理水平的那部分,也就是过度在职消费。

4. 媒体监督

在媒体监督（Media）方面，本章延续了"第三章　媒体监督与在职消费"中媒体监督变量的计量方法，但又略有不同。

首先，与第三章中类似，通过在中国知网的报纸数据库中进行手工收集、筛选并汇总得到 2010 年至 2014 年我国上市公司的媒体负面报道次数（NMC）。同时，出于本章研究的特殊需要，将媒体监督作为虚拟变量，当媒体负面报道的次数大于 0 时就定义其为"存在媒体监督"，将其赋值为 1；当媒体负面报道次数等于 0 时则定义为"不存在媒体监督"，将其赋值为 0。

除此之外，本研究还选取董事会规模（DS）、独立董事比例（Ind）、股权集中度（H3，公司前三大股东持股比例）、两职兼任（Dual）、财务杠杆（Lever，资产负债率）、公司规模（LnSales，销售收入的自然对数）、公司成长性（GR）、年度（Year）、行业（Industry）等作为控制变量。

（三）模型构建

根据前文所阐述的思路，研究的第一步便是构建模型，以测度在职消费的合理水平，从而达到计量过度在职消费的目的。该模型即为"第二章在职消费的计量"中的模型（2-1），此处不再赘述。

在此基础上，为检验假设 H1a，我们将高管的人均货币薪酬（PMpay）定义为被解释变量，将公司业绩、在职消费与过度在职消费的交互项定义为自变量，把董事会规模、独立董事比例、股权集中度、两职兼任、财务杠杆、公司规模、公司成长性、年度、行业等作为控制变量，构建模型（8-1）。

$$PMpay = \beta_0 + \beta_1 ROA + \beta_2 OPerks + \beta_3(ROA \times OPerks) + \beta_4 DRs +$$
$$\beta_5 Ind + \beta_6 Dual + \beta_7 H3 + \beta_8 Lever + \beta_9 LnSales + \beta_{10} GR +$$
$$\beta_{11} Year + \beta_{12} Industry + \varepsilon \qquad\qquad 模型（8-1）$$

为进一步验证假设 H1b，我们按照样本公司实际控制人的产权性质，把它们归类为国有企业、非国有企业两大类分样本,再使用模型(8-1),针对不同产权性质样本公司的过度在职消费对货币薪酬业绩敏感性的影响进行检验。

相似地,我们为了检验假设 H2a,根据媒体监督这一虚拟变量,将全部样本归类成有媒体监督、无媒体监督两类分样本,再套用模型(8-1),验证媒体监督对过度在职消费与货币薪酬业绩敏感性关系的调节作用。

在此基础上,结合产权性质进一步将全部样本归类成有媒体监督的国有企业、有媒体监督的非国有企业、无媒体监督的国有企业、无媒体监督的非国有企业等四类分样本,利用模型(8-1)来验证假设 H2b。

四、媒体监督影响在职消费与货币薪酬业绩敏感性关系的实证结果与分析

(一) 描述性统计

表8-1 中的数据主要是对模型(8-1)全样本中主要变量的描述性统计。可以发现,对高管人均货币薪酬取自然对数后的均值为 12.077,公司业绩的均值为 0.063(6.3%),过度在职消费的均值为 0.592,媒体负面报道的平均次数为 1.048 次。其中,媒体负面报道(NMC)的标准最高,达到 7.238,说明我国上市公司的媒体负面报道次数相差较大,样本公司遭遇的媒体监督水平参差不齐。

表 8-1   主要变量的描述性统计(N=3446)

变量	最大值	最小值	均值	标准差
PMPay	14.636	7.719	12.077	0.688
ROA	0.233	0.002	0.063	0.053

续表

变量	最大值	最小值	均值	标准差
OPerks	3.790	0.000	0.592	0.502
NMC	48.000	0.000	1.048	7.238

进一步地,在按照产权性质进行国有企业、非国有企业的分样本统计后可以发现(见表8-2),与非国有企业相比,国有企业高管的人均货币薪酬较高,业绩却相对较低。同时,国有企业的在职消费规模相较于非国有企业而言更大,被负面报道的次数也更多。这初步说明,国有企业与非国有企业在高管货币薪酬、公司业绩、在职消费、媒体负面报道等方面存在差异。

表8-2　分样本描述性统计(区分产权性质,均值;N=3446)

变量	PMpay	ROA	OPerks	Media
国有企业样本(N=1432)	12.147	0.063	0.614	1.214
非国有企业样本(N=2014)	12.027	0.064	0.575	0.930

(二) 相关性分析

表8-3是主要变量的相关性检验结果。根据此结果,高管货币薪酬与企业业绩正相关,初步验证了我国上市公司薪酬业绩敏感性的存在。过度在职消费与货币薪酬正相关,说明二者之间存在同高的互补关系,符合在职消费的代理观;过度在职消费与企业绩效负相关,初步验证了过度在职消费作为代理成本能够降低公司绩效。同时,表8-3中所有变量相关系数的绝对值都在0.5以下,说明变量之间不存在严重的多重共线性问题,模型(8-1)的变量选取较为合理。

表 8-3 Pearson 相关性分析

变量	PMPay	ROA	Operks	H3	Lever	GR	Dual	DS	Lnsales	Ind
PMPay	1									
ROA	0.227***	1								
Operks	0.019***	-0.038**	1							
H3	0.159***	0.196**	-0.014***	1						
Lever	0.040**	-0.251**	0.101***	-0.105**	1					
GR	0.073***	0.225***	-0.014***	0.052***	0.008**	1				
Dual	0.017***	-0.005**	0.035***	0.031***	-0.065**	0.013**	1			
DS	0.079**	0.062***	0.103***	0.015***	0.123**	0.025***	-0.124**	1		
Lnsales	0.472***	0.172***	0.027***	0.258**	0.423**	0.097***	-0.049**	0.243**	1	
Ind	0.056*	-0.028***	0.012***	0.077**	0.000	0.006**	0.107*	-0.365**	0.055*	1

（三）多元回归分析

1.在职消费对薪酬业绩敏感性影响的回归分析

为验证在职消费对高管薪酬业绩敏感性存在的总体影响,运用全样本数据对模型(8-1)进行回归检验,回归结果见表8-4第2列。

表8-4　在职消费与薪酬业绩敏感性关系的检验结果

变量 (1)	在职消费与货币薪酬业绩敏感性			媒体监督的调节作用	
	(2) 全样本	(3) 国有企业样本	(4) 非国有企业样本	(5) 有媒体监督	(6) 无媒体监督
ROA	0.012*** (3.95)	0.020*** (4.93)	0.009*** (4.82)	0.019*** (4.33)	0.011*** (5.68)
OPerks	0.015 (0.78)	0.068* (1.84)	0.007 (0.29)	0.080** (2.03)	-0.010 (-0.40)
ROA× OPerks	-0.001** (-2.46)	-0.008** (-2.13)	-0.001** (-2.38)	-0.007 (-1.59)	-0.001** (-2.00)
DS	-0.007 (-1.11)	-0.002 (-0.23)	-0.002 (-0.17)	-0.015 (-1.44)	-0.003 (-0.38)
Ind	0.124* (1.74)	-0.414* (-1.68)	0.734*** (2.93)	-0.130 (-0.40)	0.117 (0.57)
Dual	-0.046** (-2.06)	0.088* (-1.87)	-0.091*** (-3.59)	-0.013 (-0.30)	-0.070 (-1.28)
H3	-0.013*** (-4.101)	-0.012** (-2.12)	-0.017** (-2.07)	-0.013*** (-2.98)	-0.012** (-2.42)
Lever	-0.014*** (-7.98)	-0.015*** (-4.92)	-0.015*** (-6.40)	-0.014*** (-3.46)	-0.015*** (-7.54)
LnSales	0.259*** (31.34)	0.219*** (16.91)	0.307*** (27.44)	0.260*** (16.85)	0.281*** (26.15)
GR	-0.000 (-0.41)	0.001** (2.28)	-0.001*** (-2.81)	0.000 (0.74)	-0.000 (-0.87)
Industry	控制	控制	控制	控制	控制
Year	控制	控制	控制	控制	控制

续表

变量 （1）	在职消费与货币薪酬业绩敏感性			媒体监督的调节作用	
	（2） 全样本	（3） 国有企业样本	（4） 非国有企业样本	（5） 有媒体监督	（6） 无媒体监督
N	3446	1432	2014	1202	2244
调整后 R^2	0.419	0.429	0.440	0.416	0.422

由表 8-4 第 2 列的回归结果不难发现，高管货币薪酬与企业业绩在 1% 的显著性水平上显著正相关，表明虽然我国目前的货币薪酬契约并非是最佳的薪酬激励契约，但却是基本有效的；在加入在职消费后，可以发现公司业绩与在职消费交互项的系数由正值转为负值，并且其在 5% 的水平上显著，说明在职消费的存在确实改变了货币薪酬与企业业绩的关系，使得高管货币薪酬业绩的敏感性显著下降，从而支持了假设 H1a。

为进一步检验在职消费与货币薪酬业绩敏感性的关系是否会因企业产权性质的不同而不同，本研究进行了国有企业、非国有企业的分样本检验，结果见表 8-4 第 3、4 列。不难看出，无论是国有企业还是非国有企业，在职消费均能显著降低货币薪酬的业绩敏感性，假设 H1a 再次得到支持。

同时，我们也注意到，在国有企业中，在职消费与货币薪酬的相关系数显著为正，但非国有企业的这一系数虽然为正，但并不显著，说明相对于非国有企业，我国国有企业中在职消费与货币薪酬同高的互补关系更为显著，在职消费作为代理成本的性质更为突出。

在此基础上，我们进行了 Bootstrap 组间系数差异检验，以检验国有企业、非国有企业在在职消费与货币薪酬业绩敏感性关系上是否存在明显的不同，检验结果见表 8-5。不难看出，国有企业、非国有企业这两个分样本的组间系数在 1% 的水平上存在显著差异。相对于非国有企业，国有企业的在职消费与高管薪酬业绩敏感性之间的负相关性更强，也就是说，国有企业中在职消费对高管薪酬业绩敏感性的削弱作用更为显著，假设 H1b 得到验证。

表 8-5　国有企业与非国有企业的 Bootstrap 组间系数差异检验

变量	抽样差异	实证 P 值
ROA	0.000	0.000
OPerks	−0.019	0.000
ROA×OPerks	−0.001	0.000
DS	0.060	0.120
Ind	0.0597	0.000
Dual	0.049	0.000
H3	−0.000	0.360
Lever	0.000	0.440
LnSales	−0.02	0.000
GR	0.000	0.000

2.媒体监督调节作用的回归结果与分析

为避免加入媒体监督变量后可能出现的交互项过多、回归系数不易解释，以及媒体监督与其他变量之间可能存在的内生性，本研究依据媒体负面报道的次数，将全部样本分为"有媒体监督"（媒体负面报道次数>0）和"无媒体监督"（媒体负面报道次数=0）两个分样本，进而在模型（8-1）的基础上，对可能存在的媒体监督对在职消费与高管薪酬业绩敏感性关系的调节作用进行检验，检验结果见表8-4第5、6列。

从表8-4中可知，在"无媒体监督"的样本公司中，在职消费对高管薪酬业绩敏感性的削弱作用依然存在，且在1%的水平上显著；在"有媒体监督"的企业样本中，在职消费对高管薪酬业绩敏感性的削弱作用虽然依然存在，但显著性水平降低，并不再显著，说明有无媒体负面报道会对在职消费与高管货币薪酬业绩敏感性的关系产生不同影响，媒体负面报道的存在有助于缓解在职消费对货币薪酬业绩敏感性的负面影响，推动高管货币薪酬向最优薪酬激励契约的方向发展。假设 H2a 得到支持。

为进一步验证媒体监督对不同产权性质企业的调节作用,我们将样本进一步分为有媒体监督的国有企业、有媒体监督的非国有企业、无媒体监督的国有企业、无媒体监督的非国有企业四类进行检验,结果见表 8-6。

不难看出,媒体监督对国有企业中在职消费与薪酬业绩敏感性削弱作用的调节效果更为显著,不仅使在职消费与公司业绩交互项的系数从非国有企业的 -0.012 降低到 -0.001,而且使其显著性水平从在 5% 上显著降为不显著。与此相一致的是,在无媒体监督的样本公司中,国有企业中在职消费对货币薪酬业绩敏感性的削弱作用较非国有企业更大(在 1% 水平上显著负相关),从而再次验证了媒体监督对国有企业中在职消费与薪酬业绩敏感性的调节作用更为明显。假设 H2b 得到支持。

此外,我们也注意到,当存在媒体监督时,国有企业在职消费与货币薪酬之间的同向互补关系由无媒体监督时的显著(0.086*)变得不再显著(0.055),说明媒体负面报道能够有效规范和治理在职消费,推动其向有利于提升公司业绩与企业价值的方向发展。

表 8-6　媒体监督对不同产权性质企业调节作用的检验结果

变量 (1)	有媒体监督		无媒体监督	
	国有企业样本 (2)	非国有企业样本 (3)	国有企业样本 (4)	非国有企业样本 (5)
ROA	0.015** (2.17)	0.023*** (4.13)	0.0235*** (4.56)	0.008*** (3.49)
OPerks	0.055 (0.87)	0.127** (2.45)	0.086* (1.80)	-0.028 (-0.90)
ROA×OPerks	-0.001 (-0.09)	-0.012** (-2.36)	-0.012*** (-2.86)	-0.001 (-1.57)
DR	-0.020 (-1.37)	0.017 (1.04)	0.0142 (1.49)	-0.019* (-1.74)
Ind	-0.962** (-2.01)	1.381*** (2.98)	0.013 (0.05)	0.343 (1.13)

续表

变量 （1）	有媒体监督		无媒体监督	
	国有企业样本 （2）	非国有企业样本 （3）	国有企业样本 （4）	非国有企业样本 （5）
Dual	0.219** （2.57）	-0.044 （-0.94）	-0.001 （-0.02）	-0.114*** （-3.78）
H3	-0.005*** （-2.85）	-0.000 （-0.25）	0.000 （0.07）	-0.002* （-1.93）
Lever	-0.007*** （-4.18）	-0.002 （-1.53）	-0.003*** （-2.74）	-0.006*** （-6.96）
LnSales	0.255*** （10.48）	0.287*** （13.80）	0.1981*** （12.81）	0.311*** （22.99）
GR	0.002** （2.00）	-0.001 （-0.98）	0.001 （0.92）	-0.001*** （-2.72）
N	543	659	889	1355
调整后 R^2	0.433	0.457	0.439	0.439

（四）稳健性检验

为增强本研究结果的可信度,本研究主要进行了以下稳健性检验:借鉴陈冬华等(2005)、卢锐等(2008),以管理费用扣除无形资产摊销、固定资产折旧、管理层货币薪酬、低值易耗品摊销等明显不属于在职消费支出项目后的金额作为在职消费总额(OPerks)的替代变量,对在职消费进行重新测度。在此基础上,用滞后一期的总资产净利率(ROA)作为企业业绩的替代变量,以消除业绩与货币薪酬、在职消费之间的内生性。同时,用定制数据重新计量媒体监督,进而重新检验在职消费对货币薪酬业绩敏感性的影响、媒体监督对二者关系的调节作用,检验结果分别见表8-7、表8-8。可以看到,此结果与主检验的结果基本一致。

根据表8-7,在职消费在5%的显著性水平削弱了货币薪酬业绩敏感性;这一削弱作用在国有企业中更为显著和突出;媒体监督能够使无媒体监督时显著存在的在职消费对货币薪酬业绩敏感性的削弱作用(−0.003**)显著降低(系数变为 0.004,且不再显著),进而有效缓解在职消费对货币薪酬业绩敏感性的影响。

根据表 8-8,在无媒体监督时,国有企业中在职消费对薪酬业绩敏感性的削弱作用明显强于非国有企业;在有媒体监督时,国有企业在职消费与公司业绩交互项的系数从非国有企业的−0.0118 降低为−0.000,且不再显著,从而再次说明媒体监督对国有企业中在职消费与薪酬业绩敏感性关系的调节作用更为显著。假设 H1a、H1b、H2a、H2b 再次得到支持。

表 8-7　媒体监督调节作用的稳健性检验结果

变量 (1)	在职消费与货币薪酬业绩敏感性			媒体监督的调节作用	
	全样本 (2)	国有企业样本 (3)	非国有企业样本 (4)	有媒体监督 (5)	无媒体监督 (6)
ROA	0.010*** (6.23)	0.013*** (4.73)	0.006*** (3.07)	0.016*** (3.68)	0.008*** (4.71)
OPerks	0.041** (2.40)	0.069*** (2.91)	0.048* (1.87)	0.032 (0.90)	0.053*** (2.66)
ROA× OPerks	−0.003** (−2.41)	−0.004*** (−2.63)	−0.002 (−0.73)	−0.004 (−1.09)	−0.003** (−2.23)
DR	0.001 (0.20)	0.010 (1.19)	−0.007 (−0.69)	−0.006 (−0.49)	0.000 (0.06)
Ind	−0.054 (−0.30)	−0.361 (−1.39)	0.384 (1.38)	−0.082 (−0.25)	−0.045 (−0.20)
Dual	−0.074*** (2.97)	0.033 (0.66)	−0.103*** (−3.62)	0.005 (0.11)	−0.120*** (−4.07)
H3	−0.002** (−2.52)	−0.003*** (−2.92)	0.001 (0.96)	−0.003** (−2.53)	−0.001 (−1.15)
Lever	−0.005*** (−8.70)	−0.004*** (−4.92)	−0.004*** (−6.05)	−0.0038*** (−3.59)	−0.005*** (−8.05)
LnSales	0.243*** (29.90)	0.207*** (16.06)	0.283*** (25.61)	0.241*** (14.95)	0.242*** (25.31)

续表

变量 （1）	在职消费与货币薪酬业绩敏感性			媒体监督的调节作用	
	全样本 （2）	国有企业样本 （3）	非国有企业样本 （4）	有媒体监督 （5）	无媒体监督 （6）
GR	0.000 （1.06）	0.001* （1.65）	−0.000 （−0.60）	0.000 （0.60）	0.000 （0.51）
N	3227	1521	1706	1027	2200
调整后 R^2	0.399	0.393	0.444	0.383	0.413

表 8-8　媒体监督对不同产权性质企业调节作用的稳健性检验

变量（1）	有媒体监督		无媒体监督	
	国有企业样本 （2）	非国有企业样本 （3）	国有企业样本 （4）	非国有企业样本 （5）
ROA	0.015* （1.97）	0.020*** （3.64）	0.01*** （4.22）	0.004* （1.89）
OPerks	0.001 （0.02）	0.129*** （2.74）	0.093*** （3.45）	0.032 （1.00）
ROA×OPerks	−0.000 （−0.05）	−0.012** （−2.26）	−0.004*** （−2.84）	0.000 （0.03）
DR	−0.004 （−0.23）	−0.009 （−0.49）	0.014 （1.44）	−0.016 （−1.34）
Ind	−0.436 （−0.89）	0.690 （1.37）	−0.168 （−0.54）	0.020 （0.06）
Dual	0.222** （2.32）	−0.092* （−1.75）	0.105*** （−3.17）	−0.125*** （−3.66）
H3	−0.006*** （−2.63）	−0.000 （−0.24）	−0.002* （−1.93）	0.001 （1.33）
Lever	−0.006*** （−3.22）	−0.001 （−0.92）	−0.004*** （−3.42）	−0.005*** （−6.50）
LnSales	0.231*** （8.77）	0.266*** （11.61）	0.193*** （12.87）	0.285*** （22.02）
GR	0.000 （0.26）	0.000 （0.37）	0.001* （1.82）	−0.001 （−1.29）

变量（1）	有媒体监督		无媒体监督	
	国有企业样本 （2）	非国有企业样本 （3）	国有企业样本 （4）	非国有企业样本 （5）
N	497	530	1024	1176
调整后 R^2	0.393	0.404	0.405	0.462

五、本章小结

本研究以 2010 年至 2014 年沪深两市 A 股上市公司为样本，以当前社会广泛关注的在职消费为切入点，引入媒体监督这一外部治理因素，验证了过度在职消费对薪酬业绩敏感性的影响，以及媒体负面报道对这一关系的调节作用。通过研究，得出以下结论：

1. 过度在职消费会显著削弱高管薪酬业绩敏感性。其中，国有企业中过度在职消费对高管薪酬业绩敏感性的削弱作用更为显著。在此过程中，相对于非国有企业，我国国有企业过度在职消费与高管货币薪酬同高的互补关系更为显著，过度在职消费作为代理成本的性质更为突出。

2. 媒体监督能够有效缓解过度在职消费对高管货币薪酬业绩敏感性的负面影响，使货币薪酬向最优薪酬激励契约的方向发展。同时，相对于非国有企业，媒体监督对国有企业中过度在职消费与薪酬业绩敏感性的调节作用更为显著。

第 九 章

基于中石化"天价酒"事件的案例分析

本章以中石化"天价酒"事件为例,通过对该事件的回顾与分析,总结其对现代企业加强在职消费的规范与治理、有效应对媒体监督的启示,进而为前文的理论分析和实证检验提供实务案例支持,丰富和完善在职消费问题的研究方法。

一、"天价酒"事件回顾

(一)事件经过

2011 年 4 月 11 日,一条有关中国石化销售有限公司①广东石油分公司(以下简称中石化广东石油分公司)总经理鲁广余利用巨额公款挥霍的帖子被网友发布到天涯论坛上。该帖贴出了四张金额合计约 168 万元的购买酒的发票。除此之外,该帖中的相关文字材料的矛头对准了中石化广东石油分公

---

① 中国石化销售有限公司是中国石油化工股份有限公司(简称中石化)的全资子公司,而中石化的最大股东——中国石油化工集团公司是国家在原中国石化总公司的基础上于 1998 年重组成立的特大型石油石化企业集团,是国家出资设立的国有公司和国家控股公司。

司总经理鲁广余,指出"鲁广余在今年中秋节前指使下属先后购进三批总价值259万元的高档酒……鲁广余个人支配使用所有酒,对于这些酒的去向,目前无人知道"。该帖一发布,很快就被网民以不同标题转载到红网、奥一网等人气指数高的论坛上,网民们也纷纷跟帖,并热烈讨论此事件。

4月12日,该网帖迅速在微博上转载和评论。当天中午该事件在深圳卫视《正午时分》栏目播出,进一步扩大了这一事件的舆论影响。此后,国内各主要媒体也纷纷进行了报道,由此引起了社会的广泛关注。

4月13日,中石化"天价酒"事件的舆论影响进一步升级。当天新华社刊发了题为《中石化承认网曝巨额公款购高档酒属实》的报道。同一天,天涯论坛主版的显著位置也刊登了该帖。截至当天下午,该帖获得了16万多点击量和2000多条回复。

4月14日上午,中国石化集团公司党组召开紧急会议。会议决议成立由纪检组监察局、人事部等事业部组成的联合调查组,并派驻广东分公司彻查此事。同时,暂停中石化广东石油分公司总经理鲁广余的工作,并要求其积极配合调查。

4月15日下午,中石化广东石油分公司召开干部会议,宣布了中石化党组的决定:鲁广余被停职,责令其配合调查。

4月18日,联合调查组调查结束,返回北京。

4月25日,中国石化集团公司召开媒体见面会,将调查结果公之于众,并宣布了对鲁广余的处罚决定。截至当天,被鲁广余购进的1176瓶高档酒,除少量库存外和一小部分用于业务接待,剩下的都已经售出回款。

随着事件调查与处理结果的公布,引起广泛关注的中石化"天价酒"事件终于告一段落。

(二) 企业回应

4月13日,中石化广东石油分公司在接受媒体采访时承认购买高档酒这一事实,但也表示购酒行为属于公司正常经营的一部分,与原总经理鲁广余个人无关。酒品是通过中石化加油站的便利店为零售渠道销售的,主要用于非油品业务。不过当问及这批酒的相关数量等情况时,对方以不掌握数据为由,未对外透露更多详情。

对于公司将高价购陈年茅台等高档酒用于"非油品经营"的事情,中石化广东石油分公司的员工大多表示不知道。一位不愿透露姓名的员工说:"我完全不相信这批酒是卖了。假如这批酒真用于出售,公司员工也是可以买到的,那么公司员工都买不到自己公司销售的酒又怎么解释?因此我不相信这批酒卖了。"[1]

中国石化集团公司总部派出的调查组进行的回复为:中国石化允许所属的销售公司经营烟酒等非油品业务,但采购这些用于经营的酒都得由销售公司的采购部门进行,然后在指定的地方存放,中石化广东石油分公司的办公楼非指定存放地点。购买"天价酒"是鲁广余的个人行为。

接替鲁广余临时主持工作的夏于飞也表示,这件事是个别人有章不循、游离于制度之外造成的。按照集团公司的要求,广东分公司已经进行了全面的自查自纠。在今后的业务接待方面,公司将奉行不搞超标准接待、厉行节约、一切从简的原则。他还承诺,今后在业务接待方面将做到透明化、公开化。业务接待不仅作为企务公开的主要内容,而且还要定期向职代会报告,自觉接受职工的监督。

(三) 调查结果

2011年4月25日,中国石化集团公司向社会通报了该事件的处理结果。

---

① 郑天虹等:《中石化承认网曝"巨额公款购高档酒"属实》,2011年4月13日,见 http://news.sohu.com/20110413/n305746649.shtml。

经查,中石化广东石油分公司原总经理鲁广余严重违反"三重一大"决策制度。无视企业内控制度,未经公司授权审批,私下购买高档酒,其个人负有直接责任。中国石化党组召开会议决定免去鲁广余职务,降职使用;同时,也做出了相应的经济处罚决议。鲁广余个人承担已消费的 13.11 万元红酒费用①。

中石化联合调查组认为,在此事件中,鲁广余购买高档酒的行为存在以下三点问题:一是未经公司领导班子研究,擅自购买高档酒,严重违反了"三重一大"决策制度和企业内控制度。二是通过不公开、不透明的运作过程,有意逃避监管。三是采用虚假手段,应付上级检查,欺骗组织。4月23日鲁广余签字确认了上述情况。

会上,中石化党组成员、副总经理李春光宣读了《中国石化集团公司关于欢迎社会监督的有关决定》。为落实这一决定,会议决定聘请社会监督员,负责组织社会各界定期到中石化了解情况。

二、"天价酒"事件的案例分析

(一)"天价酒"事件的背景

"天价酒"事件之所以如此受人关注并产生如此巨大的社会影响,除了与该事件问题严重有关,还与其发生时所处的时代背景息息相关。这些背景包括当时国内的经济形势不明朗、公众对未来生活担心,以及公众本身对中石化这一类的垄断性国有企业尤为关注等。

1.国内通货膨胀压力明显上升

2011年,中国面临的整体通货膨胀压力明显上升。在国际市场上,农

---

① 钟晶晶:《"天价酒"鲁广余被降 13.11 万红酒费个人承担》,2011 年 4 月 26 日,见 http://roll.sohu.com/20110426/n306460503.shtml。

产品、石油等商品大幅涨价导致国内的输入型通胀压力上升。在国内市场上,各种商品价格也大幅度地上涨导致社会大众的消费支出频频超过预算。

2. 公众对未来生活忧虑

水电煤气、食品等日常生活必需品的价格上涨让百姓实实在在地感受到自己的生活质量在下降。通胀压力加大,使其对未来的生活充满了忧虑。而在这种情绪下,也使得像中石化这样掌握商品定价权的机构或个人格外受到民众关注。

3. 中石化是垄断国有企业

中石化是一家由中国石油化工集团公司独家发起成立的股份制的国有性质的原油加工企业。2000年起先后在中国香港证券交易所、纽约证券交易所、伦敦证券交易所上市,发行境外 H 股。2001 在上海证券交易所上市,发行境内 A 股。国家、金融机构、外资分别持有该企业股权。一直以来,由于在制度、资金和技术上存在壁垒,国内石油产业的市场和价格由中国三大石油企业垄断。对于外部企业来说,要想进入石油产业极为困难。中石化就是中国三大石油企业之一。

也正是由于上述三个原因,公众对任何与价格有关的事件和议题都表现得十分敏感,"天价酒"事件自然就会持续发酵。同时,由于此事件涉及我国中央企业的"三公"消费等具有腐败性质的敏感问题,因此,其不仅成为在社会上广泛传播并热议的话题,而且会很容易地激起社会公众的愤慨情绪,也会在爆发后不久就成了众矢之的。

(二)"天价酒"事件中媒体监督的特点

随着信息技术、网络技术的发展,在电视、广播、报纸、杂志等传统媒体基础上,发展形成了许多新的媒体形式,如虚拟社区、网络论坛、博客、微博、播客、微信等。网络环境下的媒体监督,也在监督的主体、对象、载体、过程与效果等方面呈现出新的特点。这些特点在本次的中石化"天价酒"事件中得到了充分体现。

1. 监督主体更复杂

新闻网站、网络论坛、个人博客、微博等属于网络环境下诞生的新兴媒体。相比于具有话语主导及独断性质的传统媒体而言,这些新兴媒体具有准入门槛低、不受限制等特点。因此在技术上,新兴媒体实现了监督主体话语权的"公共性"回归。也正因为如此,网络环境下的监督主体更加复杂多样,人人都可以成为媒体。在本次的"天价酒"事件中,参与讨论的公众都以网民的身份平等地发表言论、表达意见,检举、举报、揭露鲁广余滥用行政权力的行为,从而在一定程度上,媒体监督模式实现了向体制外自下而上新模式的转变。

2. 监督对象更广泛

我国网民数量巨大,由于知识储备和参与社会实践领域的不同,个体间存在很大差异,其关注的热点和焦点自然也千差万别,上至国家大事,下至虐狗虐猫等生活琐事等,均会成为网络媒体报道和监督的对象。正所谓"监督无时不在,监督无处不在"。在中石化"天价酒"事件爆出后,不少网民在关注该事件的同时,深入挖掘了中石化存在的其他在职消费方面的不规范行为。该公司存在的"天价名片""奖金门"等事件就是在"天价酒"事件后被网民深挖或检举出来的。

3. 监督载体更多样

在"天价酒"事件中,借助网络这一媒介,传播信息的各种符号形式,如文字、图片、声音、视频等被有效地聚合在一起。同时,实现这一舆论监督的平台除了最初的新闻跟帖、电子论坛外,还包括了博客、微博、维基平台以及社交网站等。人们可以将信息和观点发布在任何网络平台上,并通过这些网络平台把原本只能影响到的小圈子扩大到整个社会。

4. 监督过程可互动

在中石化"天价酒"事件中,网络环境下信息传播的便捷性、及时性等都使得人与人之间的距离越来越小。人们通过网络的交流近似于面对面的交流,上传者发出信息后可以很快得到一个有效的反馈,从而能够在短时间内将个人关注的话题转变成社会公共议题,引起更大范围、更大强度的媒体监督。

5. 监督效果可度量

在中石化"天价酒"事件中,网民在网上发表的意见和观点不仅能够被完全公开地呈现出来,而且还可以量化其强度和范围。这表现在网民会以不同的表达方式呈现自己的意见,而这些都是直观、可感的。即使是少数人的意见,也可以在网上以直观的形式完整地予以反映。

(三) 媒体监督对中石化的直接影响

"天价酒"事件经天涯论坛爆出后,不仅引来了全媒体、全社会的关注,甚至得到了中央政府、国资委的重视和督办。该事件不断地发酵,不仅蔓延至中石化集团总公司乃至全行业全系统,而且最终酿成了席卷全行业的市值损失和声誉危机。

1. 公司股价下跌

经天涯论坛爆出后,中石化"天价酒"事件立即引起了网民的极大关注,并瞬间点燃了公众对国企"公款消费"的愤慨情绪。公众的这种情绪直接影响到了中石化当天的股价,在股市收盘前一个小时,中石化股价下跌了0.7个百分点。在其拖累下,同期上证指数下跌0.24个百分点。

随后几日,该事件愈演愈烈,不仅成为全社会的关注焦点,而且成为国务院国资委的重点关注对象,国资委也派出检查组到中石化总部开展检查工作。

4月11日至4月25日,在"天价酒"事件被持续关注的这段期间,中石化股价下跌2.6个百分点,并拖累同期上证指数下跌幅度达到2.1%。在"天价酒"事件过后的几个月中,中石化股价依然不见起色,一直都处于低迷状态。

2. 声誉严重受损,更多丑闻被深挖

中石化"天价酒"事件爆出后,中石化的品牌与声誉受到严重冲击,其高层领导也深陷在这一舆论的旋涡中,并一直处于被动尴尬的境地。他们还不得不直面媒体,向公众做出交代。

中石化时任董事长傅成玉就曾在接受媒体采访时回应:"'天价酒'事件通过媒体广泛发酵,不仅有损中石化和国有企业形象,而且给中石化百万产业大军造成了损失,上百万的职工因这件事抬不起头来。尽管大家为保能源安全和市场供应,辛辛苦苦、兢兢业业地在岗位上努力拼搏,但依然摆脱不了由于他一个人的行为带来的耻辱"。①

更令人惋惜的是,即便在"天价酒"危机落幕之后的几个月内,中石化股价一直处于一蹶不振的状态。在后续几个月中,公众在不断地质疑、揭丑其国有企业品牌声誉。后续导致社会公众不断地挖掘中石化的丑闻。很快,中石化的"超豪华酒店"事件、"天价名片"事件、"奖金门"等被挖出来了,成为中石化的一个又一个丑闻。

(四) 媒体监督"天价酒"事件的经济后果

"天价酒"事件曝光后,时任董事长傅成玉曾指出:"新闻媒体的监督和批评,是爱之深责之切,监督和批评能促使我们及时发现问题、解决问题,是我们不断前进的动力"。② 为挖掘和发现媒体监督对中石化在职消费影响的经济后果,本研究做了如下分析。

1. 在职消费与过度在职消费规模缩减

为观察"天价酒"事件经媒体曝光后中石化在在职消费方面的变

---

① 李雨思:《中石化称天价酒让百万职工抬不起头 主角降职》,2011 年 4 月 26 日,见 http://roll.sohu.com/20110426/n306475021.shtml。

② 中国石化新闻网:《欢迎社会各界对公司进行监督》,2011 年 4 月 25 日,见 http://www.sinopecnews.com.cn/shnews/content/2011-04/25/content_971424.shtml。

化,本研究统计并汇总整理得到了表9-1中的有关数据以及图9-1、图
9-2。

表 9-1　"天价酒"事件后有关指标统计

年度		2010	2011	2012	2013	2014
在职消费	管理费用/营业总收入(%)	3.020	2.518	2.354	2.554	2.495
	支付的其他与经营活动有关的现金/营业收入(%)	0.988	0.819	0.484	1.496	3.124
过度在职消费		1.265	1.121	1.180	1.170	1.165

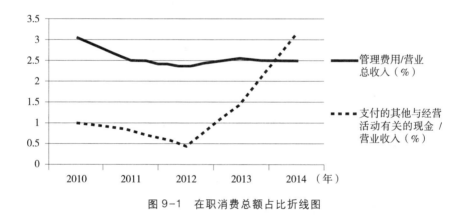

图 9-1　在职消费总额占比折线图

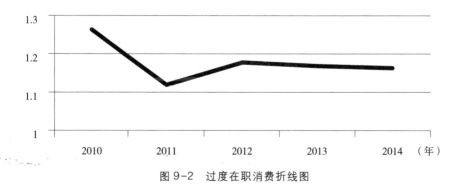

图 9-2　过度在职消费折线图

在职消费总额占比方面,根据表 9-1 和图 9-1,在"天价酒"事件被曝光的 2011 年,无论是中石化管理费用占营业总收入的比重,还是该公司支付的其他与经营活动有关的现金占营业总收入的比重,都较其上年(2010年)大幅降低,这一下降趋势还延续到了 2012 年。经媒体曝光后中石化上述两大指标连续两年持续降低,说明媒体对该事件的报道的确能够对报道当年的公司高管在职消费行为产生监督与约束作用,并具有一定的持续性,其影响可以延续到报道的下一年,但这一持续效应会随媒体报道时间的延长而逐渐减弱直至消失。如到了 2013 年、2014 年,该公司的上述两大指标出现反复,不仅没有将 2011 年、2012 年的降低态势持续下去,反而较 2012年有所升高。当然,2014 年支付的其他与经营活动有关的现金占营业总收入的快速升高也不完全是因为公司的在职消费增加。2014 年,在青岛发生的中石化东黄输油管道泄漏爆炸事故中,直接经济损失 7.5172 亿元,公司也因此承担了相应的赔偿责任。这也直接导致 2014 年中石化的上述两个指标迅速上升。

过度在职消费方面,中石化在 2010 年至 2014 年过度在职消费的变动趋势与上述两大指标有较大差异。在媒体曝光的当年(2011 年),中石化的过度在职消费急速下滑,说明媒体报道对公司当年的过度在职消费行为产生了直接而有效的显著影响。但到了 2012 年,过度在职消费较 2011 年不降反升,表明该年度的过度在职消费出现反复,媒体监督对该公司高管在职消费行为的监督约束作用具有"时效性",不能有效地持续到下一年。到2013 年、2014 年时,中石化的过度在职消费再次出现了持续下滑态势,但这并不表明媒体对"天价酒"事件的报道再次发挥作用,更有可能是为这两年我国政府加强了反腐倡廉建设,《党政机关厉行节约反对浪费条例》《中央管理企业负责人薪酬制度改革方案》和《关于合理确定并严格规范中央企业负责人履职待遇、业务支出的意见》等规定的出台有效制约和规范了公司高管的在职消费行为。

2. 内部控制加强

中石化"天价酒"事件之所以产生并被发现和曝光,其内在的原因很多,但下属单位"一把手"权力过大、内部监督与控制不力是一个重要原因。为此,"天价酒"事件曝光后,中石化及时采取多项措施,强化运作规范性,完善内部控制制度,提高公司科学决策和防控风险能力。

2010 年,中石化逐步推进科学管理、规范管理、精细管理,内部控制体系在不断地完善;编制及整合了一体化的《内部控制手册》;不断深化全面预算管理,全面开展全员参与的成本目标管理;稳步实施会计集中核算;不断加强风险管理;逐步加大集中采购物资管理力度。同时,公司还进一步加强反腐倡廉建设,认真落实抓源头、抓重点、抓关键、抓惩处。整体推进教育、制度、监督、改革、惩处。为保证防止商业贿赂,中石化的所有供应商均应与企业签订《恪守商业道德协议书》,以规范商业行为,营造公平公正的交易环境。

2011 年,中石化建成了全面覆盖的内部控制体系,并逐年根据内外部监管和管理环境的变化进行更新、修订、补充完善。为不断地提升执行力,公司还开发了内控管理信息系统。除此之外,公司在风险管理相关标准,重要、重大风险管理方案及措施,全面风险管理报告等制定方面也有初步成效。与此同时,公司还注重建立风险与内部控制之间的对应关系,将风险植入内控,强化管控。同时,公司惩治和预防腐败体系也得到了进一步完善。公司不仅根据新情况和新特点,制定了 1447 项反腐倡廉制度、完成了 3708 项制度的修订,而且深入开展巡视工作,强化对权力的监督制约。此外,公司还强化廉洁从业教育和监督工作。

2012 年,中石化深入推进惩治和预防腐败体系建设,并着手制定了第二个惩防体系建设的五年规划(2013—2017 年);加强重点工程监督检查,全年共组织 10 个督查组对 30 项重点工程建设项目开展督查,保证工程建设的优质高效廉洁实施;探索实施廉洁风险防控,编制《廉洁风险防控工作指南》并在分(子)公司开展试点;开展反腐倡廉管理提升活动,加强能力建设,先后组织纪检监察管理岗位资格培训和业务公开、效能监察、国际化经营监管、信访举报、案件审理等业务培训;修订巡视工作制度,并在中国企业中领先创建重点业务公开信息系统,这些重点业务包括网上采购。加强源头控制和事前预防,规范企业经营和管理秩序,强化合规经营和廉洁从业的观念。

2013年,中石化进一步加强全面风险管理与内部控制,建立健全了从股份公司到分(子)公司分级管理的风险管理组织体系,发布实施全面风险管理办法、风险评估指引等基本制度。结合内部控制,深入开展重大重要风险管理工作。推进风控内控一体化建设,持续优化内控制度设计,充分发挥内部控制的基础和保障性作用,公司风险管理与内部控制水平进一步提升。在反腐倡廉方面,公司还进一步完善领导体制和工作机制;改善巡视工作制度和监督重点业务制度,进一步探索实施重点工程项目派驻督查,不断夯实反腐倡廉制度基础。同时,公司通过开展管理层廉洁从业培训、廉洁从业优秀领导人员评选表彰活动及"双鉴警示教育"活动,加强廉洁文化建设,构筑拒腐防变的道德防线。

2014年,中石化抓紧落实党中央"八项规定"精神和党组实施细则,坚决纠正"四风",对违反中央"八项规定"精神问题动真碰硬,铁面执纪。严格纪律审查,坚持以零容忍态度查处违规违纪违法行为。开展新一轮巡视工作,完成对8家单位领导班子及53名班子成员的巡视;配合中央巡视组开展专项巡视工作。制定惩防体系建设,监督执纪的规范化水平有了新的提升。开展领导人员廉洁谈话、提醒谈话、诫勉谈话,组织党员干部参加各类警示、案例教育,促进了党员干部廉洁自律。深化效能监察和业务公开,重要经济活动的廉洁风险防范取得新进展。公司还加强了教育培训,进一步提高了干部的履职能力。

3. 企业绩效的下滑态势有所缓解

观察表9-2、图9-3中的总资产净利率、净资产收益率后不难发现,2010年至2013年间,二者均呈现持续下滑态势,但其下滑的幅度在下降,说明媒体对"天价酒"事件的报道,能够削减不合理的在职消费行为对公司绩效的不利影响。但由于引起公司业绩变动的因素有很多,该公司绩效之所以持续下滑,尤其是 2014 年出现大幅下滑,主要还是因为金融危机后全球经济不景气、石油价格低迷,以及青岛中石化发生安全事故所引发的巨额损失和相应的赔偿责任。

表 9-2　公司绩效统计表

指标＼年份	2010	2011	2012	2013	2014
净资产收益率(%)	17.7157	16.0123	12.8564	12.3979	8.1437
总资产净利率(%)	8.299	7.2669	5.587	5.4275	3.4513

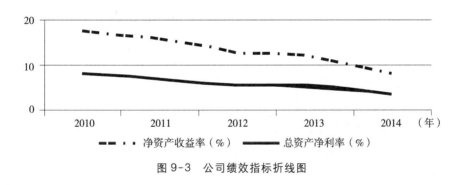

图 9-3　公司绩效指标折线图

三、"天价酒"事件的案例启示

在"天价酒"事件中,由于网络环境下媒体,尤其是新媒体作用的发挥,中石化及其领导一度被推到了风口浪尖,无论是公司股价还是公司的声誉都受到了重创。这一事件也启示我们,为了维护公司的良好声誉和经济利益,应做到以下几点:

（一） 加强内部管理，消除负面事件

媒体所关注的企业事项不仅有公司发生的、对公司不利的各类事件，也有对公司有利的各类活动。然而，受新闻传播规律和受众心理的影响，在媒体承受的竞争压力不断加大的市场环境下、在舆论日益呈现多元化的新形势下，媒体通过报道正面事件所产生的社会吸引力要显著弱于其报道有关企业的负面事件后所产生的舆论影响。因此，媒体自然会倾向于报道能够揭示公司存在的问题的各类事件。因此，强化企业内部管理，杜绝安全环保、质量计量等重大事故发生，从而降低负面事件发生概率，这是避免本企业成为舆论关注焦点的有效途径。正所谓，打铁先要自身硬，一旦加强了内部管理，杜绝了负面信息，媒体所能关注和报道的也只能是对公司有利的正面信息。

（二） 遵守新闻规律，正面并解决问题

新闻传播具有时效性。网络媒体的快速发展更需要企业及时地向企业外部披露有关信息。媒体来访的目的之一就是希望得到有用的信息。如果以"无可奉告"的态度答复，或者故意搞拖延战术，最后受到伤害的只能是企业。因此，对于媒体采访，要坚持"态度诚实、信息公开、前后一致、信息清晰"的原则，不回避问题，确保发布的信息及时、真实、可信。

（三） 重视媒体来访，保持高度的新闻敏锐性

新闻无小事。大后果可能也是由小事件引发的，个案会引发共振，一次严重的新闻危机很多时候可能就是因为一条简单的信息所引起。因此，要高度重视媒体来访反映的问题。对于已有定调、能在第一时间回应的，要尽

可能做到第一时间答复;暂时无法确定且需要进一步了解的,要尽可能向媒体解释说明,取得媒体的理解和支持,等把事情的真相了解清楚后再及时回复媒体。

(四) 高度重视新兴媒体,避免事态扩大

在信息时代、网络时代的大背景下,网络媒体已经成为新闻危机的重要发源地,这次的"天价酒"事件就是通过网络论坛、社区、贴吧、微博等社交平台发酵的。企业要把网络监测作为一项重点工作,提高对网络信息敏感性的认识,加强网络舆情监测。对于发现的重大而且敏感度高的信息,企业要及时进行研究判定,要在第一时间进行检查取证,并通过媒体及时发布相关的新闻,避免事态扩大。

四、本章小结

本章以曾经轰动一时的中石化"天价酒"事件为例,在回顾该事件发生始末的基础上,重点对该案例发生的背景、发生过程中媒体监督的特点以及经媒体曝光后的经济后果进行了剖析,进而总结提炼了该事件对企事业单位的启示,以从案例角度对前文实证分析得出的结论提供佐证。

第 十 章

研究结论与政策建议

本章是全书的最后一章,旨在总结和归纳前文所做的研究和主要贡献,并对未来研究进行展望。为此,本章首先归纳了前文研究所得出的结论,并提出了相应的对策建议,旨在为我国在职消费的监督与治理工作以及目前如火如荼进行着的反腐倡廉工作提供参考。接着,提炼了本研究的主要贡献和存在的不足,并对未来的研究进行了展望,希望能够为未来的研究指明方向。

一、研究结论

本研究以 2010 年至 2014 年中国沪深两市 A 股上市公司为样本,并结合案例分析,全面考察并验证了在职消费合理与过度成分的划分与计量、媒体监督对在职消费的影响、此影响得以实现的传导机制,以及媒体监督对在职消费与公司业绩、与薪酬业绩敏感性关系的影响。通过研究,本书得出了以下结论:

（一）我国企业存在过度在职消费

通过模型估算与检验，本研究发现，我国上市公司存在过度在职消费，而且过度在职消费存在年度、产权性质和行业三方面的效应。

在年度效应方面，2014 年我国存在过度在职消费的企业数量及其平均规模较 2011 年至 2013 年各年有所降低。

在产权性质效应方面，我国的国有企业、非国有企业在企业数量和过度在职消费规模上存在显著差别。2010 年至 2013 年各年，受企业本身数量的影响，存在过度在职消费的非国有企业显著多于国有企业，但国有企业的年平均过度在职消费较非国有企业更大，这与大众认知相同。但到了 2014 年这一状况发生改变，非国有企业的平均过度在职消费超过国有企业。这也再次说明我国的反腐行动卓有成效。

在行业效应方面，过度在职消费存在与否及其规模会因行业的不同而不同。其中，房地产企业平均过度在职消费的规模最大。

（二）媒体监督能够有效抑制过度在职消费

媒体报道上市公司的在职消费丑闻能够有效降低高管过度在职消费，而且随着媒体负面报道频次的增加，过度在职消费会更加显著地降低，说明媒体负面报道能够对上市公司高管的过度在职消费行为起到有效的监督治理作用。不仅如此，媒体监督对国有上市公司在职消费的监督约束作用较非国有上市公司更为显著。

在进一步区分媒体类型后可以发现，地方级报纸比中央级报纸的新闻报道更加及时，并对企业过度在职消费行为的监督与约束作用更为显著。

（三） 媒体监督能够显著降低在职消费总额的黏性程度

我国上市公司高管的在职消费总额存在黏性的特点,即在职消费总额会随企业业绩的变动呈现不对称变动的特征,而且国有企业高管的在职消费黏性较非国有企业更为显著。同时,媒体负面报道对高管在职消费黏性具有显著的削弱作用,能够有效降低在职消费的黏性程度,而且媒体负面报道对国有企业高管在职消费黏性的削弱作用显著大于非国有企业。

（四） 媒体通过内部控制、行政介入等发挥监督作用

一方面,在媒体监督对在职消费的制约关系中,内部控制发挥了至关重要的传导机制作用。在内部控制这一传导机制的作用之下,企业最终会形成媒体负面报道引发企业加强内部控制、加强后的内部控制会抑制高管过度在职消费的良性循环,从而最终实现媒体负面报道对过度在职消费的监督约束作用,而且内部控制质量越高,媒体监督对在职消费的抑制作用越明显。

另一方面,通过媒体报道引起的行政介入,也可以实现媒体监督对在职消费的规范与治理。行政介入可以显著增强媒体负面报道对过度消费行为的监督与约束作用。同时,行政介入的方式不同,行政介入作为实现机制的效果就会有所不同。其中,行政介入引发的行政处罚越严重,越能强化对上市公司管理层的警示作用,抑制其过度在职消费行为的治理作用也会越显著。

（五） 媒体监督削弱在职消费对企业绩效的负面影响

在职消费总额与其发生当年、下一年、第三年的公司绩效之间存在倒 U

形关系,但其相关程度会逐年减弱。进一步地,国有公司在职消费对公司绩效的负面影响显著大于非国有公司,说明在国有公司,高管通过在职消费谋取私利的行为对公司的负面影响更大。

在治理在职消费方面,媒体监督会对公司绩效产生积极的推动作用,但此作用仅在在职消费行为发生的第二、三年显著,第一年不显著。同时,第三年较第二年的影响有所减弱。这可能是因为媒体负面报道监督治理在职消费、进而推升公司绩效效应的体现本身需要一个先消化吸收、再反映、最后逐渐消失的过程。

(六) 媒体监督调节在职消费与薪酬业绩敏感性的关系

过度在职消费会显著削弱高管薪酬业绩敏感性,其中,国有企业中过度在职消费对高管薪酬业绩敏感性的削弱作用更为显著。同时,媒体监督能够有效缓解过度在职消费对高管货币薪酬业绩敏感性的负面影响,使货币薪酬向最优薪酬激励契约的方向发展。进一步地,相对于非国有企业,媒体监督对国有企业中过度在职消费与薪酬业绩敏感性关系的调节作用更为显著。

二、政策建议

依据前述分析得出的结论,本研究提出以下建议,希望能够为降低过度在职消费、改善公司绩效与管理效率,加强企业内控与反腐倡廉建设,实现社会的公平和谐提供参考。

(一) 完善在职消费的计量与审批制度

当前,在职消费的构成与金额仍然是一个尚未打开的黑箱,无论是企业还是各国政府,均未制定出一套精确、实用的在职消费计量方法,不能获取有关企业高管在职消费的精确数据,也就难以有效地规范和治理企业高管的过度在职消费行为。因此,首先,应探寻一套能够准确反映企业高管在职消费水平的计量方法并建立一套与之相匹配的计量体系。

其次,应完善关于高管在职消费的信息披露制度。目前在我国要求上市公司对其在职消费的具体构成及金额进行强制性披露的法律法规尚未正式出台。针对公司管理人员是否通过假公济私、侵占公司的资金和资产以损害公司利益,投资者难以确定。因此,有必要通过正式立法的形式对在职消费信息披露的内容、范围、质量等予以强制性规定。同时,为增加高管在职消费的透明度、避免管理层过度在职消费行为的发生,企业也应该制定明确详细的、针对高管在职消费的标准,并将标准和相关费用的发生金额在企业内部公示,定期检查高管的在职消费支出。

最后,应建立健全在职消费的预算与审批制度。管理层权力滥用是导致过度在职消费产生的重要原因。为避免过度在职消费对公司资源的侵占和浪费,应加强对公司高管在职消费支出的预算管理。同时,应积极发挥公司董事会、监事会、内外部审计等对在职消费的审批、核查及执行情况的监督作用,以有效防止过度在职消费行为的发生。

(二) 加强并完善媒体的监督治理作用

首先,应积极发挥媒体,尤其是网络媒体的监督治理作用。媒体应有一个较为清晰的定位,明确自己的受众主体,不断提升媒体报道的独立性;要开放对媒体市场的管制,取消对媒体报道的诸多限制,鼓励媒体说真话、还原事实真相,增强媒体间的竞争性。同时,要适应信息技术、网络技术对媒体发展的影响,重视发挥网络媒体对信息的整合、交互、辐射式快速传播过程中产生的强大的舆论效应与监督治理作用。

其次,应加强对媒体不规范行为的监督与规范,引导其发挥应有的监督治理作用。信息技术、网络技术的发展不仅推动了媒体作用在更大范围内、更快速的传播与作用发挥,但也出现了虚假报道、蓄意炒作等媒体不规范行为。这些不和谐的声音不仅误导了公众视听,而且损害了媒体的社会公信力,阻碍了媒体事业的健康发展。因此,应不断强化舆论宣传和引导,提升整个媒体行业及其从业人员素质;通过完善媒体的内部组织结构、监督制度的建设与运行等,加强媒体的内部治理与监督;通过完善相关立法、加强执法等,加强对媒体欺诈的惩罚力度;通过完善来自上级部门、其他媒体的监督等,加强对监督主体的反监督;通过提高和强化媒体独立性和媒体行业自律性等,不断加强对媒体监督及规范媒体新闻报道。

(三) 改善公司的内部治理水平

首先,应根据经济社会发展和公司生产经营与管理的实际情况,寻找并建立最佳的公司治理模式,包括建立薪酬委员会、完善独立董事制度等,以有效减少所有者和管理者之间的信息不对称,保护投资者权益。

其次,应通过实行两职分离,减少董事长与总经理同为一人的情况、加大对管理层权力的制衡、监督与约束,避免管理层权力滥用所带来的过度在职消费。

此外,应通过完善经理人市场、建立健全符合市场需求的公司高管选拔与职位晋升机制等,促使公司高管更加重视自身声誉的高低,以降低管理层自身过度在职消费的可能性。

(四) 增强公司的内部控制有效性

前文研究已知,在企业的经营管理中,内部控制作为媒体监督公司管理层过度在职消费的实现机制,其质量与有效性的高低直接决定了媒体监督对在职消费监督治理的效果与可持续性。因此,着力提升公司内部控制的有效性。

为此,首先,应把内部控制的思想渗透到企业生产经营活动的各个方面,使得内部控制的意识在企业内部形成并得到重视。其次,应建立健全企业的内部控制制度与相关规定,并通过完善公司内部治理结构、组织结构、明确责任的分配与授权等,为其有效执行与落实,提供良好的环境。此外,还应通过对公司各类风险进行的有效评估,帮助管理层识别和应对风险,加强公司内部、内部与外部的信息沟通与传递,建立持续的监控活动,进行个别评估、缺陷报告等,加强内部控制的风险识别、信息与沟通以及公司内部监控,有效监督治理公司高管的不规范行为。

(五) 提高行政机构的监管水平

受信息不对称的影响,行政机构有时候不能及时发现上市公司的违法违规行为,进而导致行政机构对上市公司的监督、治理作用不能得到有效的发挥。媒体可以通过各种渠道获取上市公司在职消费方面的不合理行为的信息,并且把这些信息传播出来,从而引起行政机构的注意。行政机构通过采取相应措施对这些上市公司或相关人员实施谴责、罚款以及市场禁入等惩罚,能够推动经理人自觉规范自身的行为,避免其为了提高自己的生活质量而不顾公司整体利益的行为发生,并且惩罚越严重,效果越显著。虽然行政机构介入对于非国有公司的作用不如国有企业明显,但是其对降低管理人员侵吞企业资产的可能性还是有效果的,所以对于规范和治理在职消费行为来说,提高行政机构的监管水平、加大惩处力度是一个不错的选择。

(六) 完善高管的薪酬激励制度

企业应综合考虑公司的核心竞争力与长远发展,科学设计高管薪酬机制,统筹安排薪酬的支付形式与相对比例,在引导管理层为公司价值最大化努力工作的同时,防止其过度在职消费行为的发生。

首先,应实现薪酬激励形式的多样化,综合采用年薪制、股权激励、合理范围内的在职消费等形式,将企业管理层努力工作的积极性调动起来,将公司高管的目标与企业股东的利益引向一致。

其次,公司应科学合理地制定《在职消费支出管理办法》,有效防止公司高管滥用权力进行的不合理在职消费,提高企业高管薪酬的透明度。

最后,还应重视对职业经理人薪酬的综合治理。应通过完善我国的职业经理人市场、大力发展高级人才市场等,建立优胜劣汰的职业经理人与高端管理人才环境等,促使其有序流动,并在公开、公平竞争的条件下选拔有才能的管理者、决定其职位晋升,进而实现公司高管薪酬与其能力、实际业绩表现的匹配,并促使管理者自觉重视自身声誉的高低,从而从内因角度加大对高管自身行为的约束,避免其滥用职权、以权谋私和不努力工作,降低公司的道德风险。

三、研究贡献与不足

(一) 研究贡献

本研究以当前社会广泛关注的过度在职消费为切入点,在利用模型区分在职消费的合理成分与异常部分的基础上,对过度在职消费进行了估算,进而针对媒体监督对在职消费、在职消费黏性的影响做了详细的分析和检验,并进一步检验分析了内部控制、行政介入在媒体发挥对在职消费监督治理作用中的实现机制作用。在此基础上,将媒体监督这一外部治理因素引入,验证了媒体负面报道对在职消费与企业绩效、在职消费与货币薪酬业绩敏感性关系的调节作用。本研究的结论不仅有助于完善我国在职消费的计量与规范、规范企业高管的在职消费行为、改善公司绩效、提升货币薪酬契约的有效性,而且为我国持续推进反腐倡廉制度建设,加强舆论监督、让权力在阳光下运行提供了政策支持。

本研究的贡献主要表现在以下几点:

1. 在现有文献基础上,基于企业管理与发展的内在需求,构建在职消费合理水平的估算模型,进而测度在职消费的过度部分,实现对在职消费构成的认识深化与细分,有助于打开在职消费计量的黑箱,并使在职消费研究更具针对性。

2. 在传统公司治理要素之外,将媒体监督引入在职消费治理,并从媒体负面报道切入,研究其与在职消费、在职消费黏性的关系,以及对在职消费与公司绩效、在职消费与货币薪酬业绩敏感性关系的影响,从而拓宽了在职消费的研究视角,也为规范和治理在职消费行为提供了新的思路。

3. 分别从内部控制、政府介入视角探究媒体监督治理在职消费的实现路径,不仅丰富了在职消费的研究视野与领域,而且使得在职消费的影响因素研究得到了补充和深化。

4. 本书研究结论的得出以及对策建议的提出,有助于弥补转轨经济下在职消费监管方面的缺漏、加强公司廉政建设和反腐倡廉工作,也有助于提升高管薪酬激励契约的有效性、完善公司治理、提升企业绩效,还有助于推动实现社会的公平和谐。

(二) 研究不足与展望

本研究仍存在一些局限。

首先,对于过度在职消费的计量,仍不能完全摆脱"支付的其他与经营相关的现金流量"或"管理费用"中存在一些在性质上不属于在职消费而应剔除、但公司财务报表中未予以披露而不能剔除项目的影响。

其次,在手工收集媒体监督数据时,虽然在数据收集前制定了统一、可量化的数据筛选标准,并注意通过加强数据收集过程中的交叉检查、反馈与调整增强数据收集的科学性,但在判断媒体报道的具体性质时依然存在一定的主观性。

因此,如何更为客观、准确地计量在职消费与媒体监督,仍有待未来进一步研究。

参考文献

［美］丹尼尔·豪斯曼:《经济学的哲学》,丁建峰译,上海人民出版社 2007 年版。

21 世纪经济报道:《中石化通报天价酒调查结果 鲁广余降职使用》,2011 年 4 月 26 日,见 http://business.sohu.com/20110426/n280412356.shtml。

安蓓等:《天价酒处理结果:中石化广东分公司总经理被免职》,2011 年 4 月 25 日,见 http://finance.sina.com.cn/g/20110425/19199747653.shtml。

曹建新等:《上市公司内部控制有效性影响因素研究》,《中国注册会计师》2009 年第 11 期。

陈冬华等:《国有企业中的薪酬管制与在职消费》,《经济研究》2005 年第 2 期。

陈冬华等:《法律环境、政府管制与隐性契约》,《经济研究》2008 年第 3 期。

陈冬华、梁上坤:《在职消费、股权制衡及其经济后果——来自中国上市公司的经验证据》,《上海立信会计学院学报》2010 年第 1 期。

陈冬华等:《不同市场化进程下高管激励契约的成本与选择:货币薪酬与在职消费》,《会计研究》2010 年第 11 期。

陈汉文:《建立适合我国国情的内部控制评价体系》,《证券时报》2010 年 6 月 11 日。

陈汉文、程智荣:《内部控制、股权成本与企业生命周期》,《厦门大学学报(哲学社会科学版)》2015 年第 2 期。

陈红等:《媒体评价、声誉治理与投资者权益保护》,《中南财经政法大学学报》2014 年第 1 期。

陈其安、李红强:《在职消费的影响因素及其对企业经营绩效的影响——来自中国上市公司的经验证据》,《技术经济》2013 年第 1 期。

陈小悦、徐晓东:《股权结构、企业绩效与投资者利益保护》,《经济研究》2001 年第 11 期。

陈信元等:《地区差异、薪酬管制与高管腐败》,《管理世界》2009 年第 11 期。

陈艳等:《行政事业单位内部控制有效性评价框架研究——基于 AHP 与 FCE 的视角》,《财经问题研究》2015 年第 9 期。

陈耀敏:《基于公司治理的企业内部控制评价体系研究》,《企业经济》2011 年第 1 期。

陈震、丁忠明:《高管报酬契约与心理契约互补效应研究——基于我国上市公司经验分析》,《商业经济与管理》2010 年第 12 期。

程晓陵、王怀明:《公司治理结构对内部控制有效性的影响》,《审计研究》2008 年第 4 期。

程新生:《公司治理、内部控制、组织结构互动关系研究》,《会计研究》2004 年第 4 期。

池国华、杨金:《高质量内部控制能够改善公司价值创造效果吗?——基于沪市 A 股上市公司的实证研究》,《财经问题研究》2013 年第 8 期。

池国华、郭菁晶:《内部控制质量影响高管薪酬吗?——基于中国 A 股上市公司的经验证据》,《南京审计学院学报》2015 年第 1 期。

醋卫华、李培功:《媒体监督公司治理的实证研究》,《南开管理评论》2012 年第 1 期。

戴亦一等:《媒体监督、政府干预与公司治理:来自中国上市公司财务重述视角的证据》,《世界经济》2011 年第 11 期。

戴亦一等:《媒体监督、政府质量与审计师变更》,《会计研究》2013 年第 10 期。

董伟:《中石化调查组公布"天价酒"事件始末》,《中国青年报》2011 年 4 月 26 日,见 http://zqb. cyol. com/html/2011 - 04/26/nw. D110000zgqnb _ 20110426 _ 5 - 05. htm? div = -1。

杜海霞:《制度经济学视角下的内部控制质量评价》,《财会月刊》2010 年第 9 期。

杜晓燕等:《腐败循环博弈模型的构建》,《华东经济管理》2010 年第 3 期。

法制网:《中石化公布天价酒事件总经理职务被免》,2011 年 4 月 26 日,见 http://www. legaldaily. com. cn/legal _ case/content/2011 - 04/26/content _ 2616929. htm? node = 33834。

方红星、张志平:《内部控制质量与会计稳健性——来自深市 A 股公司 2007—2010 年年报的经验证据》,《审计与经济研究》2012 年第 5 期。

方红星、金玉娜:《公司治理、内部控制与非效率投资:理论分析与经验数据》,《会计研究》2013 年第 7 期。

方军雄:《我国上市公司高管的薪酬存在粘性吗?》,《经济研究》2009 年第 3 期。

冯根福、赵珏航:《管理者薪酬、在职消费与公司绩效——基于合作博弈的分析视角》,《中国工业经济》2012 年第 6 期。

冯莉:《媒体治理视角下在职消费与公司价值的关系研究》,博士学位论文,华南理工大学工商管理学院,2014 年。

付颖赫:《内部控制和媒体关注对企业盈余管理的影响》,《山西财经大学学报》2015年第 S1 期。

傅颀、汪祥耀:《所有权性质、高管货币薪酬与在职消费——基于管理层权力的视角》,《中国工业经济》2013 年第 12 期。

高文亮、罗宏:《薪酬管制、薪酬委员会与公司绩效》,《山西财经大学学报》2011 年第 8 期。

耿云江、车晓丽:《引入内部控制的出版企业业绩评价体系研究——基于出版传媒上市公司的实证检验》,《会计与控制评论》2013 年第 3 期。

耿云江、凡现云:《媒体监督不易、且行且珍惜》,《新闻传播》2014 年第 7 期。

耿云江、田旗:《媒体监督对在职消费的治理效用研究——来自中国上市公司的经验证据》,《会计之友》2015 年第 17 期。

耿云江、凡现云:《善用媒体力量推进企业社会责任履行》,《新闻传播》2015 年第 5 期。

耿云江、秦雪:《新媒体及其公司治理作用探析》,《商业会计》2016 年第 2 期。

耿云江、王明晓:《超额在职消费、货币薪酬业绩敏感性与媒体监督——基于中国上市公司的经验证据》,《会计研究》2016 年第 9 期。

耿云江、王海雯:《在职消费粘性与媒体监督——基于产权视角的实证检验》,《财经问题研究》2017 年第 3 期。

郭军、赵息:《董事会治理、高管权力与内部控制缺陷》,《软科学》2015 年第 4 期。

贺建刚等:《利益输送、媒体监督与公司治理:五粮液案例研究》,《管理世界》2008 年第 10 期。

胡明霞、干胜道:《管理层权力、内部控制与高管腐败》,《中南财经政法大学学报》2015 年第 3 期。

黄雷、李明:《媒体治理的声誉机制在我国资本市场失效的原因分析》,《现代经济信息》2012 年第 11 期。

孔东民等:《公司行为中的媒体角色:激浊扬清还是推波助澜?》,《管理世界》2013 年第 7 期。

李宝宝、黄寿昌:《国有企业管理层在职消费的决定因素及经济后果》,《统计研究》2012 年第 6 期。

李常青、熊艳:《媒体治理:角色、作用机理及效果——基于投资者保护框架的文献述评》,《厦门大学学报(哲学社会科学版)》2012 年第 2 期。

李海霞:《房产国企老总职务消费人均 53 万》,2013 年 12 月 20 日,见 http://news.hexun.com/2013-12-20/160777208.html。

李红强:《在职消费与企业经营绩效》,硕士学位论文,重庆大学经济与工商管理学院,2013 年。

李虹、田马飞:《内部控制、媒介功用、法律环境与会计信息价值相关性》,《会计研究》2015 年第 6 期。

李辉、张晓明:《上市公司治理结构对内部控制的影响研究》,《西安邮电大学学报》2009 年第 4 期。

李靖华、郭耀煌:《主成分分析用于多指标评价的方法研究——主成分评价》,《管理工程学报》2002 年第 1 期。

李培功、沈艺峰:《媒体的公司治理作用:中国的经验证据》,《经济研究》2010 年第 4 期。

李培功、沈艺峰:《经理薪酬、轰动报道与媒体的公司治理作用》,《管理科学学报》2013 年第 10 期。

李荣梅等:《企业内部环境与内部控制目标——基于辽宁省国有企业的调研数据分析》,《辽宁大学学报(哲学社会科学版)》2015 年第 1 期。

李万福等:《内部控制在公司投资中的角色:效率促进还是抑制?》,《管理世界》2011 年第 2 期。

李维安:《国际经验与企业实践——制定适合国情的中国公司治理原则》,《南开管理评论》2001 年第 1 期。

李旭红:《国企老总要拿年薪了》,《市场报》2003 年 9 月 12 日。

李艳丽等:《公司异质性、在职消费与机构投资者治理》,《财经研究》2012 年第 6 期。

李焰、秦义虎:《媒体监督、声誉机制与独立董事辞职行为》,《财贸经济》2011 年第 3 期。

李雨思:《中石化称天价酒让百万职工抬不起头,主角降职》,2011 年 4 月 26 日,见 http://roll.sohu.com/20110426/n306475021.shtml。

李玉兰:《民营中小企业内部控制有效性的模糊综合评价》,《统计与决策》2015 年第 21 期。

李志军等:《银行持股与公司在职消费的实证研究——基于沪深 A 股上市公司经验数据》,《云南财经大学学报》2013 年第 6 期。

梁红玉等:《媒体监督、公司治理与代理成本》,《财经研究》2012 年第 7 期。

梁彤缨等:《金字塔结构、在职消费与公司价值——来自中国上市公司的经验证据》,《山西财经大学学报》2012 年第 11 期。

林斌等:《基于信息披露的内部控制指数研究》,《会计研究》2016 年第 12 期。

林润辉等:《大股东资金占用与企业绩效——内部控制的"消化"作用》,《经济与管理研究》2015 年第 8 期。

林钟高、郑军:《基于契约视角的企业内部控制研究》,《会计研究》2007 年第 10 期。

刘美琴:《固本强基化危机——中国石化"天价酒"事件的启示》,《中国石油企业》2011 年第 7 期。

刘启亮等:《媒体负面报道、诉讼风险与审计契约稳定性——基于外部治理视角的研究》,《管理世界》2013 年第 11 期。

刘银国等:《国有企业高管薪酬管制有效性研究》,《经济管理》2009 年第 10 期。

刘银国、张琛:《自由现金流与在职消费——基于所有制和公司治理的实证研究》,《管理评论》2012 年第 10 期。

刘银国等:《国企分红、治理环境因素与在职消费——基于沪深两市国有控股上市公司的面板数据分析》,《会计之友》2014 年第 14 期。

刘照:《用博弈论观点看反腐问题》,《中外企业家》2014 年第 2 期。

卢锐等:《管理层权力、在职消费与产权效率——来自中国上市公司的证据》,《南开管理评论》2008 年第 5 期。

逯东等:《媒体类型、媒体关注与上市公司内部控制质量》,《会计研究》2015 年第 4 期。

罗宏、黄文华:《国企分红、在职消费与公司业绩》,《管理世界》2008 年第 9 期。

罗进辉、万迪昉:《大股东持股对管理者过度在职消费行为的治理研究》,《证券市场导报》2009 年第 6 期。

吕长江等:《上市公司资本结构、管理者利益侵占与公司业绩》,《财经研究》2007 年第 5 期。

倪星、王立京:《腐败与反腐败的博弈论研究》,《江汉论坛》2004 年第 10 期。

宁彬等:《严肃处理违规购买高档酒事件责任人》,《中国石化报》2011 年 4 月 26 日。

潘飞等:《高级管理人员激励契约研究》,《中国工业经济》2006 年第 3 期。

彭桃英、汲德雅:《媒体监督、内部控制质量与管理层代理成本》,《财经理论与实践》2014 年第 2 期。

青木昌彦、钱颖一:《转轨经济中的公司治理结构:内部人控制和银行的作用》,中国经济出版社 1995 年版。

权小锋等:《管理层权力、私有收益与薪酬操作》,《经济研究》2010 年第 11 期。

人民网舆情监测室:《网络舆情热点面对面》,新华出版社 2012 年版。

沈艺峰、李培功:《政府限薪令与国有企业高管薪酬业绩和运气关系的研究》,《中国工业经济》2010 年第 11 期。

施继坤:《内部控制鉴证、审计师声誉与权益资本成本——基于 2009～2010 年 A 股上市公司的经验分析》,《云南财经大学学报》2012 年第 4 期。

舒伟:《内部控制有效性机理研究——基于熵与耗散结构理论的解释》,《西安财经学院学报》2015 年第 2 期。

树友林:《高管权力、货币报酬与在职消费关系实证研究》,《经济学动态》2011 年第 5 期。

宋青:《传统媒体工作人员网络行为规范分析》,《中国广播》2012 年第 4 期。

苏然、高明华：《在职消费与公司绩效：代理观还是效率观——基于高管激励视角的研究》，《深圳大学学报（人文社会科学版）》2015 年第 2 期。

谭庆美等：《交叉上市、政治联系类型与内部控制质量——基于 A+H 上市企业的经验数据》，《天津大学学报（社会科学版）》2015 年第 6 期。

万华林：《国外在职消费研究述评》，《外国经济与管理》2007 年第 9 期。

王爱群、时军：《内部控制质量、会计稳健性对投资效率影响效应研究》，《统计与决策》2016 年第 7 期。

王兵等：《薪酬激励治理效应研究——基于盈余质量的视角》，《山西财经大学学报》2009 年第 7 期。

王曾等：《国有企业 CEO"政治晋升"与"在职消费"关系研究》，《管理世界》2014 年第 5 期。

王昌荣、王元月：《市场竞争、管理层权力与薪酬—业绩敏感性》，《东岳论丛》2015 年第 11 期。

王东熙：《论新媒体之"新"——从传播模式角度谈新媒体的分类和定义》，《东南传播》2009 年第 5 期。

王恩山、戴小勇：《媒体监督、法律制度与代理成本》，《财经问题研究》2013 年第 7 期。

王满四：《上市公司负债融资的激励效应实证研究——针对经理人员工资和在职消费的分析》，《南方经济》2006 年第 7 期。

王书琴等：《披露内部控制鉴证报告能够提高投资效率吗？——基于股权性质视角的研究》，《经济问题》2015 年第 12 期。

王新等：《经理人权力、薪酬结构与企业业绩》，《南开管理评论》2015 年第 1 期。

王治等：《内部控制质量、产权性质与企业非效率投资——基于我国上市公司面板数据的实证研究》，《管理评论》2015 年第 9 期。

魏娟：《高管薪酬、高管权利与内部控制质量关系研究　　来自建筑业和房地产业 A 股上市公司的数据》，《财会通讯·综合》2013 年第 30 期（下）。

吴超鹏等：《媒体监督、政治关联与高管变更——中国的经验证据》，《经济管理》2012 年第 2 期。

吴育辉、吴世农：《高管薪酬：激励还是自利？——来自中国上市公司的证据》，《会计研究》2010 年第 11 期。

夏冬林、李晓强：《在职消费与公司治理机制》，中国会计学会第六届理事会第二次会议暨学术年会论文集（上），2004 年 7 月。

肖淑芳等：《媒体监督的公司治理作用——基于股权激励公司的经验研究》，《北京理工大学学报（社会科学版）》2014 年第 1 期。

谢获宝、惠丽丽：《我国上市公司高管在职消费：有效激励还是隐性腐败——基于市场化改革进程视角的理论分析框架》,《华东经济管理》2014 年第 11 期。

谢获宝等:《公司高管在职消费研究述评和展望》,《财政监督》2012 年第 2 期。

辛清泉等:《政府控制、经理薪酬与资本投资》,《经济研究》2007 年第 8 期。

新浪财经:《中石化天价酒当事人降职使用 13 万酒费个人承担》,2011 年 4 月 25 日,见 http://finance.sina.com.cn/chanjing/cyxw/20110425/17459747360.shtml。

邢维全、宋常:《管理者过度自信、内部控制质量与会计稳健性——来自中国 A 股上市公司的经验证据》,《华东经济管理》2015 年第 10 期。

徐晶、胡少华:《内部控制审计能够提高盈余质量吗?》,《财经问题研究》2015 年第 3 期。

徐莉萍、辛宇:《媒体治理与中小投资者保护》,《南开管理评论》2011 年第 6 期。

徐细雄、刘星:《放权改革、薪酬管制与企业高管腐败》,《管理世界》2013 年第 3 期。

阎达五、杨有红:《内部控制框架的构建》,《会计研究》2001 年第 2 期。

严晖:《公司治理、公司管理与内部控制——对 COSO 企业风险管理框架(ERM)的分析》,《财会通讯·学术版》2005 年第 4 期。

杨程程、程小可:《上市公司内部控制缺陷披露与高管薪酬的关联研究》,《东北师大学报(哲学社会科学版)》2015 年第 2 期。

杨德明:《媒体具有治理功能么?——基于审计视角的研究》,《中国会计学会 2011 学术年会论文集》2011 年 7 月。

杨德明、赵璨:《媒体监督、媒体治理与高管薪酬》,《经济研究》2012 年第 6 期。

杨蓉:《垄断行业企业高管薪酬问题研究:基于在职消费的视角》,《复旦学报(社会科学版)》2011 年第 5 期。

姚广宜、张砥:《网络环境下的媒体监督特点》,《中国政法大学学报》2012 年第 1 期。

姚益龙等:《媒体监督影响企业绩效机制研究——来自中国快速消费品行业的经验证据》,《中国工业经济》2011 年第 9 期。

叶勇等:《法律环境、媒体监督与代理成本》,《证券市场导报》2013 年第 9 期。

叶勇等:《媒体关注对代理成本的影响》,《软科学》2013 年第 2 期。

尹树森:《股东声誉、权力制衡与媒体监督——来自中国上市公司的证据》,《中南财经政法大学研究生学报》2013 年第 3 期。

游家兴、吴静:《沉默的螺旋:媒体情绪与资产误定价》,《经济研究》2012 年第 7 期。

于忠泊等:《媒体关注、制度环境与盈余信息市场反应——对市场压力假设的再检验》,《会计研究》2012 年第 9 期。

余玉苗等:《媒体监督影响审计师的审计意见决策吗?——来自中国证券市场的实证证据》,《审计与经济研究》2013 年第 1 期。

喻国明:《媒介的声誉管理:构建维度与舆论尺度》,《新闻战线》2009 年第 4 期。

岳磊:《博弈论视角下腐败行为的社会学分析》,《理论月刊》2012 年第 11 期。

曾升科等:《管理层权力与在职消费"粘性"的实证研究》,《财会通讯》2015年第12期。

曾焱鑫:《外部治理机制、媒体监督与融资约束效应》,《财会通讯》2014年第1期（下）。

翟胜宝等:《媒体能监督国有企业高管在职消费么?》,《会计研究》2015年第5期。

张国清等:《内控质量与公司绩效:基于内部代理和信号传递理论的视角》,《世界经济》2015年第1期。

张建平、余玉苗:《媒体监督影响审计定价吗——来自中国证券市场的初步证据》,《山西财经大学学报》2013年第3期。

张力、潘青:《董事会结构、在职消费与公司绩效——来自民营上市公司的经验证据》,《经济学动态》2009年第3期。

张淼:《舆情案例:中石化"天价酒"舆情危机》,2013年4月1日,见 http://m.hexun.com/yuqing/2013-04-01/152717954.html。

张敏、姜付秀:《机构投资者、企业产权与薪酬契约》,《世界经济》2010年第8期。

张萍等:《股权激励、高管权力与内部控制》,《华东经济管理》2015年第10期。

张铁铸、沙曼:《管理层能力、权力与在职消费研究》,《南开管理评论》2014年第5期。

张先治、戴文涛:《公司治理结构对内部控制影响程度的实证分析》,《财经问题研究》2010年第7期。

张烨:《媒体与公司治理关系研究述评》,《经济学动态》2009年第6期。

张颖、郑洪涛:《我国企业内部控制有效性及其影响因素的调查与分析》,《审计研究》2010年第1期。

张月明、吴春雷:《企业高管在职消费、超额在职消费与企业价值——"代理观"与"效率观"的理论协调及其实证检验》,《广东财经大学学报》2014年第5期。

张兆国等:《目标导向下的内部控制评价体系构建及实证检验》,《南开管理评论》2011年第1期。

章添香、张春海:《我国银行业公司治理、经营效率与企业内部控制》,《经济管理》2015年第12期。

赵璨等:《产权性质、高管薪酬与高管腐败》,《会计与经济研究》2013年第5期。

赵纯祥、罗飞:《市场竞争、管理者权力与薪酬粘性》,《当代财经》2013年第10期。

赵息、屈海涛:《高管权力、薪酬激励与内部控制——基于中国制造业上市公司的实证研究》,《天津大学学报(社会科学版)》2015年第5期。

郑开玲:《中小企业管理层权力与在职消费研究——以浙江中小板上市公司为例》,《财政监督》2015年第17期。

郑天虹等:《中石化承认网曝"巨额公款购高档酒"属实》,2011年4月13日,见

http://news.sohu.com/20110413/n305746649.shtml。

郑志刚:《法律外制度的公司治理角色——一个文献综述》,《管理世界》2007 年第 9 期。

中国石化新闻网:《欢迎社会各界对公司进行监督》,2011 年 4 月 25 日,见http://www.sinopecnews.com.cn/shnews/content/2011-04/25/content_971424.shtml。

钟晶晶:《"天价酒"鲁广余被降 13.11 万红酒费个人承担》,2011 年 4 月 26 日,见http://roll.sohu.com/20110426/n306460503.shtml。

周黎安、陶婧:《政府规模、市场化与地区腐败问题研究》,《经济研究》2009 年第 1 期。

周仁俊等:《管理层激励与公司经营业绩的相关性——国有与非国有控股上市公司的比较》,《会计研究》2010 年第 12 期。

周守华等主编:《财务管理理论前沿专题》,中国人民大学出版社 2013 年版。

周玮:《政治密度、在职消费与制度环境》,《软科学》2010 年第 8 期。

周文然:《基于公司治理视角的媒体监督机制研究》,《特区经济》2013 年第 9 期。

Abbott Lawrence J.et al., "Corporate Governance, Audit Quality, and the Sarbanes-Oxley Act: Evidence from Internal Audit Outsourcing", *Accounting Review*, Vol. 82, No. 4 (July 2007).

Adithipyangkul P.et al., "Executive Perks: Compensation and Corporate Performance in China", *Asia Pacific Journal of Management*, Vol.28, No.2 (2011).

Adithipyangkul P., "Non-Cash Compensation with Production Externalities and Agency Problems Related to an Agent's Consumption Choice", *Journal of Contemporary Accounting & Economics*, Vol.8, No.2 (December 2012).

Ashbaugh-Skaife Hollis et al., "The Discovery and Reporting of Internal Control Deficiencies Prior to SOX-mandated Audits", *Journal of Accounting and Economics*, Vol.44, No.1 – 2 (September 2007).

Ashbaugh-Skaife H.et al., "The Effect of SOX Internal Control Deficiencies and Their Remediation on Accrual Quality", *Accounting Review*, Vol.83, No.1 (2008).

Alchian A.A., Demsetz H., "Production, Information Costs, and Economic Organization", *The American Economic Review*, Vol.62, No.5 (December 1972).

Aman Hiroyuki, "An Analysis of the Impact of Media Coverage on Stock Price Crashes and Jumps: Evidence from Japan", *Pacific Basin Finance Journal*, Vol.24, No.3 (September 2013).

Anderson M.et al., "Are Selling, General, and Administrative Costs 'Sticky'?", *Journal of Accounting Research*, Vol.41, No.1 (2003).

Ang J.S.et al., "Agency Costs and Ownership Structure", *The Journal of Finance*, Vol.

55, No.1 (February 2000).

Bebchuk L., Fried J., *Pay without Performance, the Unfulfilled Promise of Executive Compensation*, Cambridge: Harvard University Press, 2004.

Berle A.A., Means G.C. *The Modern Corporation and Private Property*, New Jersey: Transaction Publishers, 1932.

Besiou M. et al., "A Crowd of Watchdogs: toward a System Dynamics Model of Media Response to Corporate Social Responsibility and Irresponsibility Initiatives", April 21, 2010 Available at SSRN: https://ssrn.com/abstract = 1610092.

Besley T., Pratt A., "Handcuffs for the Grabbing Hand? Media Capture and Government Accountability", *The American Economic Review*, Vol.96, No.3 (2006).

Blair M.M., *Ownership and Control, Rethinking Corporate Governance for the 21 Century*, Washington: Brookings Institution Press, 1995.

Bushee B.J. et al., The Role of the Business Press as an Information Intermediary, *Journal of Accounting Research*, Vol.48, No.1 (March 2010).

Cai H.B. et al., "Eat, Drink, Firms and Government: an Investigation of Corruption from the Entertainment and Travel Costs of Chinese Firms", *The Journal of Law & Economics*, Vol. 54, No.1 (February 2011).

Carrothers A. et al., "CEO Pay with Perks", May 18, 2012, Available at SSRN: https://ssrn.com/abstract = 2062592.

Chan W.S., "Stock Price Reaction to News and No-News: Drift and Reversal after Headlines", *Journal of Financial Economics*, Vol.70, No.2 (November 2003).

Chen C.W. et al., "Press Coverage and Stock Price Deviation from Fundamental Value", *Journal of Financial Research*, Vol.36, No.2 (2013).

Chen D. H. et al., "Do Managers Perform for Perks?", *Social Science Electronic Publishing*, 2010.

Conyon M.J., Peck S.I., "Board Control, Remuneration Committees, and Top Management Compensation", *Academy of Management Journal*, Vol.41, No.2 (April 1998).

Conyon M.J., He L., "Executive Compensation and Corporate Governance in China", *Journal of Corporate Finance*, Vol.17, No.4 (September 2011).

Conyon M.J., "Executive Compensation and Board Governance in US Firms", *Economic Journal*, Vol.124, No.574 (2014).

Core J.E. et al., "Corporate Governance, Chief Executive Officer Compensation and Firm Performance", *Journal of Financial Economics*, Vol.51, No.3 (March 1999).

Core J. E. et al., "The Power of the Pen and Executive Compensation", *Journal of Financial Economics*, Vol.88, No.1 (April 2008).

Doyle J.T. et al., "Accruals Quality and Internal Control over Financial Reporting", *Accounting Review*, Vol.82, No.5 (2007).

Dyck A., Zingales L., "The Corporate Governance Role of the Media", (August 2002), Available at SSRN: https://ssrn.com/abstract=335602.

Dyck A., Zingales L., "Private Benefits of Control: an International Comparison", *Journal of Finance*, Vol.59, No.2 (2004).

Dyck A. et al., "The Corporate Governance Role of the Media: Evidence from Russia", *Journal of Finance*, Vol.63, No.3 (2008).

Easterbrook F.H., "Two Agency-Cost Explanations of Dividends", *American Economic Review*, Vol.74, No.4 (September 1984).

Faccio Mara, Young Leslie, "Debt and Corporate Governance", *Https://www.researchgate.net/publication/*228419088.

Fama E. F., "Agency Problems and the Theory of the Firm", *Journal of Political Economy*, Vol.88, No.2 (April 1980).

Fama E.F., Jensen M.C., "Separation of Ownership and Control", *Journal of Law & Economics*, Vol.26, No.2 (June 1983).

Fang L., Peress J., "Media Coverage and the Cross-section of Stock Returns", *The Journal of Finance*, Vol.64, No.5 (October 2009).

Freeman R.E., Reed D.L., "Stockholders and Stakeholders: A New Perspective on Corporate Governance", *California Management Review*, Vol.25, No.3 (1983).

Gaver J., Gaver K., "The Relation between Nonrecurring Accounting Transactions and CEO Cash Compensation", *The Accounting Review*, Vol.73, No.2 (April 1998).

Gentzkow M., Shapiro J.M., "Media Bias and Reputation", *Journal of Political Economy*, Vol.114, No.2 (April 2006).

Glaeser E.L., Shleifer A., "A Reason for Quantity Regulation", *The American Economic Review*, Vol.91, No.2 (May 2001).

Goh B.W., Li D., "Internal Controls and Conditional Conservatism", *Accounting Review*, Vol.86, No.3 (2011).

Grossman Sanford, Hart O.D., "Takeover Bids, the Free-raid Problem, and the Theory of the Corporation", *The Bell Journal of Economics*, Vol.11, No.1 (1980).

Gu Z. Y. et al., "Government Control and Executive Compensation: Evidence from China", *Working Paper*, 2010.

Gul F.A. et al., "Perks and the Informativeness of Stock Prices in the Chinese Market", *Journal of Corporate Finance*, Vol.17, No.5 (December 2011).

Hammermann A., Mohnen A., "Who Benefits from Benefits? Empirical Research on Tangible Incentives", *Review of Managerial Science*, Vol.8, No.3 (2014).

Hart O., "Financial Contracting", *Journal of Economic Literature*, Vol. 39, No. 4 (December 2001).

Henderson M. T., Spindler J. C., "Corporate Heroin: A Defense of Perks, Executive Loans, and Conspicuous Consumption", *Social Science Electronic Publishing*, Vol.93, No.6 (October 2004).

Hilary G., Hui K. W., "Does Religion Matter in Corporate Decision Making in America?", *Journal of Financial Economics*, Vol.93, No.3 (September 2009).

Hisrch F., *Social Limits to Growth*, Cambridge: Harvard University Press, 1976.

Houston J.F. et al., "Media Ownership, Concentration and Corruption in Bank Lending", *Journal of Financial Economics*, Vol.100, No.2 (May 2011).

Jensen M.C., Meckling W. H., "Theory of the Firm, Managerial Behavior, Agency Costs and Ownership Structure", *Journal of Financial Economics*, Vol.3, No.4 (1976).

Jensen M.C., *Toward a Theory of the Press*, Economics Social Institutions. Netherlands: Springer, 1979.

Jensen M.C., "Agency Costs of Free Cash Flow, Corporate Finance, and Takeovers", *The American Economic Review*, Vol.76, No.2 (May 1986).

Jensen M.C. "The Modern Industrial Revolution, Exit, and the Failure of Internal Control Systems", *The Journal of Finance*, Vol.48, No.3 (July 1993).

Joe J.R. et al., "Managers' and Investors' Responses to Media Exposure of Board Ineffectiveness", *Journal of Financial and Quantitative Analysis*, Vol.44, No.3 (June 2009).

Joe J.R., "Why Press Coverage of a Client Influences the Audit Opinion", *Journal of Accounting Research*, Vol.41, No.1 (March 2003).

Khorana A. et al., "Explaining the Size of the Mutual Fund Industry around the World", *Journal of Financial Economics*, Vol.78, No.1 (October 2005).

Kothari S.P. et al., "Performance Matched Discretionary Accrual Measures", *Journal of Accounting and Economics*, Vol.39, No.1 (February 2005).

Kreps D., Wilson R., "Reputation and Imperfect Information", *Journal of Economic Theory*, Vol.27, No.2 (August 1982).

Kreps D. et al., "Rational Cooperation in the Finitely Repeated Prisoners' Dilemma", *Journal of Economic Theory*, Vol.27, No.2 (August 1982).

Krueger A., "The Political Economy of the Rent-Seeking Society", *The American Economic Review*, Vol.64, No.3 (June 1974).

Krishnan J., "Audit Committee Quality and Internal Control: an Empirical Analysis", *The Accounting Review*, Vol.80, No.2 (April 2005).

Kuhnen C.M.,Niessen A.,"Public Opinion and Executive Compensation",*Management Science*,*Vol.*58,No.7 (July 2012).

Lamont O.,"Cash Flow and Investment: Evidence from Internal Capital Markets",*The Journal of Finance*,Vol.52,No.1 (March 1997).

Lang L.H.P.,Litzenberger R.H.,"Dividend Announcements: Cash Flow Signalling vs. Free Cash Flow Hypothesis?",*Journal of Financial Economics*,Vol. 24, No. 1 (September 1989).

Liu B.,McConnell J.J.,"The Role of the Media in Corporate Governance: Do the Media Influence Managers' Capital Allocation Decisions?",*Journal of Financial Economics*,Vol. 110,No.1 (October 2013).

Luo H.et al.,"The Monitoring Role of Media on Executive Compensation",*China Journal of Accounting Studies*,Vol.1,No.2 (2013).

Luo W.et al.,"Bank Ownership and Executive Perquisites: New Evidence from an Emerging Market",*Journal of Corporate Finance*,Vol.17,No.2 (April 2011).

Marino A.M.,Zábojník J.,"Work-related Perks,Agency Problems,and Optimal Incentive Contracts",*The Rand Journal of Economics*,Vol.39,No.2 (2008).

Mcleish C.et al.,*The Right to Tell: the Role of Mass Media in Economic Development*, Washington D.C.: The World Bank,2002.

Miller G.S.,"The Press as a Watchdog for Accounting Fraud",*Journal of Accounting Research*,Vol.44,No.5 (December 2006).

Mullainathan S.,Shleifer A.,"The Market for News",*The American Economic Review*, Vol.95,No.4 (September 2005).

Murphy K.J.,"Corporate Performance and Managerial Remuneration: an Empirical Analysis",*Journal of Accounting and Economic*,Vol.7,No.1-3 (April 1985).

Murphy K.J."Incentives,Learning,and Compensation: a Theoretical and Empirical Investigation of Managerial Labor Contracts",*The Rand Journal of Economics*, Vol. 17, No. 1 (1986).

Xu Nianhang et al.,"Excess Perks and Stock Price Crash Risk: Evidence from China", *Journal of Corporate Finance*,Vol.25,No.2 (April 2014).

Pistor K.,Xu C.,"Governing Stock Markets in Transition Economies: Lessons from China",*American Law and Economics Review*,Vol.7,No.1 (March 2005).

Rajan R.G.,Wulf J.,"Are Perks Purely Managerial Excess?",*Journal of Financial Economics*,Vol.79,No.1 (January 2006).

Shleifer A.,Vishny R.W.,"Large Shareholders and Corporate Control",*Journal of Political Economy*,Vol.94,No.3 (June 1986).

Shleifer, A. , Vishny R. W. , " A Survey of Corporate Governance" , *Journal of Finance* , Vol. 52, No.2 (1997).

Tirole Jean, "Procurement and Renegotiation" , *Journal of Political Economy* , Vol.94, No. 2 (April 1986).

Williamson O.E.et al. , "Understanding the Employment Relation: the Analysis of Idiosyncratic Exchange" , *The Bell Journal of Economics* , Vol.6, No.1 (1975).

Williamson O. E. , " Transaction-Cost Economics: the Governance of Contractual Relations" , *Journal of Law & Economics* , Vol.22, No.2 (1979).

Yermack D. , "Flights of Fancy: Corporate Jets, CEO Perquisites, and Inferior Shareholder Returns" , *Journal of Financial Economics* , Vol.80, No.1 (April 2006).

后　记

战战兢兢、满怀期待中,终于等到了写后记的时刻。

在这夜深人静、家人安眠之时,跳入脑海中的第一个词竟然是"呕心沥血"。也许,这个词用在自己身上略显矫情,但学术研究真心不易,于我这个二孩妈妈而言就更加困难。且不论有多少个夜晚因为研究中遇到难题而彻夜难安,单是因为想找一个安静的角落阅读文献、静心思考而不能陪伴和照顾牙牙学语的小娃就已是一种煎熬。未来的学术研究没有尽头、也不会有尽头,这对年龄日益增长、精力和体力日渐衰减的自己而言更是一种考验。然而,既来之,则安之。既然选择了"大学老师"这份职业、享受着这份职业带给自己的荣光,也就愿意去承受它带给自己的一切挑战。

心念至此,感恩、感谢之情便油然而生。感谢敬爱的老师,感谢亲爱的朋友,感谢体贴的领导,感谢可爱的学生,更感谢自己的家人。

感谢敬爱的老师,在我迷茫时为我指引方向,在我颓废时给我打气、鼓励我前进,并在生活中给予我无微不至的关怀与照顾。

感谢亲爱的朋友,在我遇到学术难题时,无私地将自己的研究心得与我分享,在我工作、生活中遇到难事时,耐心地听我唠叨,帮我出谋划策。

感谢体贴的领导,让我能够从一些事务中抽身出来,有多一点的时间照顾两娃,照顾自己。

感谢可爱的学生,你们的乐观、开朗、朝气蓬勃和积极向上,深深感染也带动着我,让我在不惑的年龄依然觉得自己很年轻。青春真好!

感谢我的爸爸妈妈还有公公,感谢你们在已近古稀的年龄,抛家舍业、不辞辛劳、无微不至地帮我照顾两个孩子。您们辛苦了!祝您们健康、长寿!

感谢我的爱人,在繁忙的工作之余,帮我分担了许多家务,也感谢你容忍我的坏脾气。真心希望你能够更加豁达、淡定、健康,事业更上一层楼。

感谢我的大宝,谢谢你包容妈妈的急脾气,也谢谢你的宽厚、体贴、善良和独立,让爸爸妈妈能有时间照顾正在蹒跚学步、淘气的二宝。感谢你给妈妈的爱,妈妈永远爱你!宝贝加油!

感谢我的二宝,谢谢你的到来带给妈妈的惊喜和心安。你阳光般的笑容就是妈妈的强心剂。妈妈祝你快乐、平安、健康每一天!

最后,感谢如蜗牛一般缓慢但依然没有放弃前行的自己。愿你在未来漫漫的学术研究、工作与生活之路上,活出更精彩的自己。

耿云江于蜗居。

2018 年 5 月 17 日

责任编辑:曹　春　朱　蔚

装帧设计:汪　莹

图书在版编目(CIP)数据

媒体监督下的在职消费研究/耿云江 著. —北京:人民出版社,2018.11

ISBN 978－7－01－019831－6

Ⅰ.①媒…　Ⅱ.①耿…　Ⅲ.①企业管理-工资管理-研究-中国

　Ⅳ.①F279.23

中国版本图书馆 CIP 数据核字(2018)第 219086 号

媒体监督下的在职消费研究

MEITI JIANDU XIA DE ZAIZHI XIAOFEI YANJIU

耿云江　著

人 民 出 版 社 出版发行

(100706　北京市东城区隆福寺街 99 号)

北京汇林印务有限公司印刷　新华书店经销

2018 年 11 月第 1 版　2018 年 11 月北京第 1 次印刷

开本:710 毫米×1000 毫米 1/16　印张:15

字数:216 千字

ISBN 978－7－01－019831－6　定价:68.00 元

邮购地址　100706　北京市东城区隆福寺街 99 号

人民东方图书销售中心　电话 (010)65250042　65289539